礼县秦早期文化考述

张力　王荟　编著

西南交通大学出版社
·成　都·

图书在版编目（CIP）数据

礼县秦早期文化考述 / 张力，王苍编著. —成都：西南交通大学出版社，2021.1
ISBN 978-7-5643-7424-2

Ⅰ. ①礼… Ⅱ. ①张… ②王… Ⅲ. ①文化史－研究－礼县－先秦时代 Ⅳ. ①K294.24

中国版本图书馆 CIP 数据核字（2020）第 075846 号

Lixian Qin Zaoqi Wenhua Kaoshu

礼县秦早期文化考述

张 力 王 苍 编著

责任编辑	居碧娟
助理编辑	何宝华
封面设计	张 力 曹天擎
出版发行	西南交通大学出版社 （四川省成都市金牛区二环路北一段 111 号 西南交通大学创新大厦 21 楼）
发行部电话	028-87600564 028-87600533
邮政编码	610031
网 址	http://www.xnjdcbs.com
印 刷	成都勤德印务有限公司
成品尺寸	170 mm × 230 mm
印 张	7.25
字 数	115 千
版 次	2021 年 1 月第 1 版
印 次	2021 年 1 月第 1 次
书 号	ISBN 978-7-5643-7424-2
定 价	42.00 元

序言

PREFACE

20世纪末，甘肃礼县境内大堡子山秦公墓群的发现，迅速聚焦了国内外史学界、考古学界的目光，使这片鲜为人知的偏僻古邑成为学界方家争相探访的焦点，从此也引发了一场国际性的研究先秦历史的热潮。大量研究论著、论文、论坛雨后春笋般涌现，“西垂”“西犬丘”“秦第一陵园”等历史谜团，逐渐显露，大白于世，为关于秦早期历史的几个核心问题提供了新的材料。

作为秦早期历史的一个核心区域，礼县扮演了十分重要的角色，起到了基础和支撑作用，承载了诸多嬴秦历史记忆，留下了灿烂的物质和精神遗产。如何让这些沉睡了几千年的宝贵资源焕发光彩，昭示后人，推动礼县经济社会全面快速发展，成为摆在政府及文化界面前的一项紧迫而艰巨的任务。如果让这种责任也像秦公墓的国宝一样流失，我们将愧对祖先的恩泽。

怀着这样的感喟，作者不揣浅陋，尝试做点工作，以期抛砖引玉。

有关礼县秦早期的材料，史籍中并不多见，挖掘研究困难不少。现今论文、论著爆炸式呈现，很难梳理。“礼县秦早期”虽然界定了阈限，但对众多的碎片化资料进行系统加工，需要专业、时间和精力。笔者作为非专业的爱好者，利用业余时间整理了一些资料，勉强成书，仓促付印，主要为了满足新学年学生阅读和教学之需。

本书主要包括礼县的历史沿革、礼县秦早期文化的界定、史籍中有关秦早期历史地理问题的辨析、嬴秦的起源、嬴秦显祖、秦人发祥地、礼县著名的秦早期遗址、礼县秦早期都邑及秦人族群分布、礼县秦早期遗址中呈现的文化现象、嬴秦与西戎的关系、礼县古代盐业与秦人的兴起、秦人的精神、千古遗恨共十三个章节。

由于时间仓促，水平有限，书中错漏缺点在所难免，敬请方家批评指正。

张力

二〇一九年七月

目录

CONTENTS

第一章 礼县历史沿革

礼县地处甘肃省东南部陇南市北部，东经 104°37′—105°36′至北纬 33°35′—34°31′之间，属长江流域嘉陵江水系西汉水上游，东邻天水、西和，西接宕昌、岷县，南连武都，北与武山、甘谷接壤。全县总面积 4 299.92 平方千米，辖 29 个乡（镇），总人口 54.29 万人。礼县深居内陆，为典型的温带大陆性季风气候区，境内海拔最高 3 312 米，最低 1 080 米，平均气温 9.9℃，年均降雨量 488.2 毫米，年平均日照 1 968.1 小时，无霜期 183 天。

礼县历史悠久，文化积淀厚重。盐官黑土崖遗址说明，早在 7350 至 7800 年前，就有人类居住生活在这里。

礼县，夏为雍州地。《尚书·禹贡》载："嶓冢导漾，东流为汉"，嬴祖伯益佐禹治水期间，于漾水（今西汉水）源头开始疏导河流，治理西汉水。

商，仍为雍州地。

西周，礼县称西垂（亦称西犬丘）。公元前 909—前 895 年，周孝王封秦大骆庶子非子为附庸，建邑秦亭（今清水、张家川一带），号曰秦嬴。又以大骆妻申侯女所生子成为大骆适嗣，居西犬丘（今礼县永兴一带）。

东周，秦襄公七年（前 771），西戎犬戎与申侯伐周，杀周幽王于骊山下。秦襄公领兵救周，后周平王东徙洛邑，襄公拥兵护送平王。周平王封秦襄公为诸侯，赐之岐（今陕西岐山县）以西地，秦始有国，都西垂宫（今礼县永兴一带）。礼县是秦族、秦文化的真正发祥地。

秦，礼县属陇西郡之西县。

两汉，其地分属西县、武都县。

三国，仍为武都、西县辖地。

西晋，西县改始昌，属天水郡。

东晋，礼县大部分地属秦州仇池郡。

南北朝，北魏置汉阳郡，治所在兰仓（今汉阳）；西魏改汉阳郡为汉阳县，属长道郡。

唐朝，时其地分属长道、大潭二县。

宋仍之。

元朝，代设礼店文州军民元帅府，初隶王相府，后属吐蕃宣慰司。

明朝，洪武四年（1371）置礼店千户所，属岷州卫，十五年（1382）改属秦州卫。成化九年（1473），始置礼县，设县城于所城西（今礼县城穿城门以东为所城），领于秦州而属巩昌府。

清朝，顺治十六年（1659）裁卫所，将巩昌卫文县所、西固所十百户并归礼县。雍正七年（1729）改秦州直隶兰州布政司，礼县仍为所属。

中华民国，初属渭川道所辖。1936 年，成立甘肃第四区行政督察专员公署，领礼县。

中华人民共和国，1949 年 8 月礼县解放，成立礼县人民政府，属武都地区行政专员公署所辖。1955 年划归天水地区行政专员公署。1958 年 8 月，西和与礼县合并，改称西礼县，县人民委员会设在礼县城。1962 年两县又分置。1985 年 7 月礼县划归武都，原武都专区改名陇南行署。2004 年陇南撤地设市，礼县仍为所属。

礼县历史悠久，文化源远流长。嬴秦从中潏至文公，在这里成边、定居生活了 300 余年，他们拓荒垦种，养畜驯兽，积蓄力量，为后来秦国的崛起奠定了坚实的基础，为最终大秦帝国一统天下积蓄了不容忽视的力量。

第二章　礼县秦早期文化的界定

一、先秦与秦早期的界定

广义的先秦时期，指旧石器时期至公元前 221 年，即秦朝建立之前的历史时代，具体为旧石器时代到战国时代，包括夏、商、西周以及春秋、战国等历史阶段。狭义的先秦时期，指秦统一天下之前的春秋战国时期。

“先秦”与“秦早期”不是一个概念范畴。秦早期应该为商末至战国初期。

二、秦文化与秦早期文化的界定

秦文化是秦人及秦国在历史发过程中产生的文化，属于地域文化，起源于先秦时期。黄留珠《秦文化概说》认为：秦文化，具体指秦族（即建国前的秦人）、秦国和秦朝文化。这里，我们所说的“文化”，不是单纯的考古学概念，而是把文化看作人类在社会历史发展过程中所创造的物质财富与精神财富的总和。就秦族、秦国文化而言，它们是中国的一种地域文化，其地域范围主要在今甘肃东部至陕西关中地区。就秦朝文化来看，它则远远超出了地域文化的范围……当然，秦族文化、秦国文化与秦朝文化，并非彼此孤立存在，而是密切相关联的，后一种文化皆依次从前一种文化而来，并且明显呈现出了不断扩大的发展趋势。

葛剑雄在《移民与秦文化》中指出：秦人历史可以追溯至西周以前，秦国初建时仅在名义上拥有“岐以西之地”，而到秦始皇统一后，秦朝的疆域已大大超出了六国旧地。“对涉及如此大的时间和空间范围、前后相差又如此悬殊的一种文化，我们泛称之为秦文化固然不错，但在具体研究或论述时却必须区别其不同的时间或空间界限，否则就无法作深入的探求。”基于此，他将人们一般所说的秦文化概括划分为四种含义：秦人文化、秦国文化、秦朝文化和秦地文化。他认为“秦人文化”是以文化的载体为划分标准的，即指秦人所拥有的文化。秦人文化虽曾随着秦人的扩散而扩大，但除了个别特殊情况，其比较稳定的范围基本还是限于秦国比较稳定的疆域之内。“秦国文化”是以文化的地域范围为划分标准的，即指在秦国的疆域内存在过的文化。“秦朝文化”是指在秦朝的疆域内存在过的文化。在秦朝疆域内，不仅关东六国的文化已经都包括在内，就是南越、西南夷的文化也已有相当一部分包括在内了。秦朝的疆域远超夏、商、周三代，所以秦朝文化可以看成为华夏各族和居于秦长城以南的戎、狄、羌、氐、蛮、夷、越等各族文化的总和。虽因秦朝存在时间太短，秦朝文化还只是各种文化的简单聚合，而不是一个融合的整体。但这却为以后逐渐形成的以汉族文化为主体的华夏文化或中国文化奠定了基础。因为秦朝疆域既比西汉初期大得多，也是以后历代中原王朝的疆域中最稳定的部分。“秦地文化”是指在秦地存在的文化。秦地概念有广义和狭义之分，广义所称的秦地即《汉书·地理志》所载的地域，狭义的秦地一般指三辅和天水、陇西、安定、北地、上郡与西河等郡。葛先生进一步指出：“以上这四种文化有互相联系、互相重合的方面，如早期的秦国文化与秦人文化基本相同，秦国文化的终结与秦朝文化的开端完全一致，西汉时的秦地文化保存了很多秦人文化、秦国文化的内容，同时也存在着差异，或者是完全不同的概念，如秦朝文化已经包括各地、各族，远非秦人、秦国故地所能代表。”

雍际春先生在《秦文化与秦早期文化概念新探》一文中指出：所谓“秦文化”，就是指伴随秦人兴起、建国和统一的过程，而由其创造、发展并不断得到扩充的物质文化与精神文化的总和。“从性质上看，它有一个由地域文化上升为大一统的国家文化再降为地域文化的演变过程。从时间上划分，则有秦早期文化、秦国文化、秦朝文化和秦地文化之分。从空间上分析，又有天水秦文化、秦国文化、秦朝文化和秦地文化之别。其中，除了秦朝文化外，其余三者均属地域文化。”

秦早期文化作为秦文化发展的早期阶段，“它既有特定的时间和空间范围，也有特定的主人和具体内涵”。我们认识和研究秦文化以及秦早期历史，这都是至关重要的。

雍际春先生认为：“自中潏至德公之前为秦早期文化阶段；自德公至秦统一之前为秦国文化时期；完成统一的秦王朝时期为秦朝文化时期。

这三个发展阶段的文化，可统称之为秦文化……探寻秦早期文化的起源及其面貌与特点，其意义与价值就在于它是秦文化发展史上的最早阶段和源头所在，积淀和蕴藏着秦文化的种种原始基因和本质要素。”

本书所涉秦早期文化系指商末至文公时期的秦文化。

三、礼县秦早期文化的界定

礼县秦早期文化，指秦文公东迁以前与礼县相关的秦早期文化。本书主要探讨嬴秦在这一特定时期、特定地域的文化呈现，诸如嬴秦族人在礼县的生存与发展的踪迹、历史事件及相关文化现象等。

第三章　史籍中有关秦早期历史地理问题的辨析

一、“西垂”“犬丘”“西犬丘”

1. 元以前史籍中言及“西垂”的词句主要见于以下几处

《史记·秦始皇本纪》:

太史公曰：秦之先伯翳，尝有勋於唐虞之际，受土赐姓。及殷夏之间微散。至周之衰，秦兴，邑于西垂。

襄公立，享国十二年。初为西畤。葬西垂。生文公。

文公立，居西垂宫。五十年死，葬西垂。生静公。

《史记·封禅书》:

秦襄公既侯，居西垂。

《史记·秦本纪》:

其玄孙曰中潏，在西戎，保西垂。

申侯乃言孝王曰：“昔我先郦山之女，为戎胥轩妻，生中潏，以亲故归周，保西垂，西垂以其故和睦。”

于是复予秦仲后，及其先大骆地犬丘并有之，为西垂大夫。

文公元年，居西垂宫。

非子息马，厥号秦嬴。礼乐射御，西垂有声。

《水经注·漾水》:

西汉水又西南，合杨廉川水，水出西谷，众则泻流，合成一川，东南流，迳西县故城北。秦庄公伐西戎破之，周宣王与其大骆犬丘之地，为西垂大夫，亦西垂宫也。

《后汉书·西羌传》:

永寿元年，校尉张贡卒，以前南阳太守第五访代为校尉，甚有威惠，西垂无事。……鸟吾种复寇汉阳，陇西、金城诸郡兵共击破之，各还降附。

《宋史·兵志》:

市马分而为二：其一曰战马，生于西垂，良健可备行阵，今宕昌、峰迭峡、文州所产是也；其二曰羁縻马，产西南诸蛮，短小不及格。

2. 宋以前史籍中言及“犬丘”“西犬丘”的词句主要见于以下几处

《史记·秦本纪》:

非子居犬丘，好马及畜，善养息之。犬丘人言之周孝王，孝王召使主马于汧渭之间，马大蕃息。

秦仲立三年，周厉王无道，诸侯或叛之。西戎反王室，灭犬丘大骆之族。

周宣王乃召庄公昆弟五人，与兵七千人，使伐西戎，破之。于是复予秦仲后，及其先大骆地犬丘并有之，为西垂大夫。

庄公居其故西犬丘，生子三人，其长男世父。

襄公二年，戎围犬丘，世父击之，为戎人所虏。

《竹书纪年》:

十一年，西戎入于犬丘。

《后汉书·西羌传》:

厉王无道，戎狄寇掠，乃入犬丘，杀秦仲之族。

其年，戎围犬丘，虏秦襄公之兄伯父。

3. 学界关于“西垂”“犬丘”“西犬丘”的主要观点

（1）“矛盾说”：王国维先生在《秦都邑考》一文中云“西垂殆泛指

西土，非一地名”，但通读全文，文后又有“余疑犬丘西垂本一地”，王的这个观点又显得不很肯定。马非百先生说，“西垂之义，本谓西界”“西垂殆指西土，并非一地之名”。这是根据《史记·秦本纪》中中潏在西戎，保西垂这段话说的。他又据《封禅书》中“秦襄公既侯，居西垂”，《秦本纪》云“文公元年，居西垂宫”的说法又指出，这里“似特有西垂一地”。也未肯定。

（2）“边陲说”：郭沫若先生指出西垂“乃泛指西方边陲”。

（3）“同地说”：王世平先生通过文字推衍直接把“西垂”解释为西犬丘。徐中舒先生认为“西犬丘又称西垂”，二者为一地。李零先生也认为，“西犬丘”又名“西垂”，“西垂”是具体地名而不是泛指西方边陲。其具体地望应在天水西南礼县东北一带。何清谷先生指出，西垂大夫应是以今甘肃天水市一带为食邑，治所在“西犬丘”，所以“西犬丘”又名“西垂”。段连勤先生认为：“犬丘即垂、垂即犬丘，都是指的同一地方。天水西南的犬丘之所以又称西犬丘、西垂，正是相对于山东曹县的犬丘而言的。”王学礼先生在秦人都城迁徙路线示意图中，明确标出“西犬丘”“西垂”为一地两名。徐卫民博士认为，“犬丘”“西犬丘”“西垂”作为秦的都城在一个地方，即现在甘肃省礼县。

（4）“二元说”：林剑鸣先生认为“西垂”乃泛指西方边陲，而“西犬丘”则指具体固定的地区。张天恩博士认为西垂问题文献所记本来就不确定，在不同的语言环境中表达着不同的意思，文公居“西垂宫”的“西垂”肯定非常具体。郭向东先生认为对“西垂”的泛指确指均不为错。至于究竟是泛指还是确指，关键要看它出现在文献中的场合。他认为从《秦本纪》上下文意分析，这里的西垂乃指西方边陲的说法更有道理。田静、史党社先生认为关于“西垂”之“垂”，既可理解为边陲之“垂”，又可理解为具体的地名犬丘。商、周的“西垂”是不同的，商代的“西垂”在今天的关中；而周之“西垂”则在周原以西。

根据笔者对史籍原意的理解、秦早期遗址位置及实地考察，笔者认为：

（1）《史记》中“犬丘”“西犬丘”为同地，只是叙述上的“准”与“泛”的区别，也绝非衍文或东、西犬丘。

（2）“犬丘”与“西垂”不同指，二者有区别。“犬丘”指大骆居地的甘肃省礼县西汉水上游地区，包含“西垂”。按照现今礼县发现的

“西山—石沟坪”“大堡子山—圆顶山”“六八图—费家庄”，三个文化中心区文化分布类型、文物数量和时间跨度，西汉水上游周秦时期嬴秦族人活动范围大致分为三个区：石桥至大堡子山为“西山区”、大堡子山至祁山堡为“西垂区”、祁山堡至红河为“卤城区”，三区合称“犬丘”。

“西山区”：三个文化中心区中时间跨度最长、文化类型最丰富的一个。区内主要有仰韶文化、齐家文化、周秦文化和寺洼文化。其中周秦文化与寺洼文化既有异区分布，又有同区交错叠加分布。该区先后发现800多处墓葬，出土了商代“亚父辛”鼎，西周青铜鼎、簋、玉器、陶水管道等珍贵文物，还发现西周时期城址一处，面积约 10 万平方米。西山遗址中大多数文物被盗掠，早在 20 世纪 80 年代，笔者就常听说“西山又出货了”。被盗掘的文物中既有铜器又有玉器，数量庞大，有铭文者不少，甚是珍贵。无疑这一区域至少在商代就是古人重要居址，为华夏民族与西戎民族的杂居区。但是否为嬴秦在西汉水上游最早的居地或“西犬丘”都邑还缺乏证据。

“祁山堡”虽后世培土累积成“堡”，但从南侧地基裸露的花岗岩体推知，最初其为一丘塬，凸起于西汉水上游盆地的广袤川原上，形如卧犬，故名“犬丘”。因此“犬丘”（祁山）地处西汉水上游中心，故将该区域形象地称作“犬丘”（与兴平犬丘无关）。

大堡子山古称“北岈”，圆顶山古称“南岈”，两山对峙，山口狭窄，中有河流，是一夫当关万夫莫开的咽喉要塞，为抵御西戎进入西垂、通往陇右的最佳驻防地。难怪周秦前赴后继拼死“保西垂”。根据《史记》中“居西垂”“居西垂宫”“保西垂”“葬西垂”原意及大堡子山秦公墓址，可知“西垂”不仅指一地，而专指一隅，即“犬丘”地“西垂”区（大堡子山附近）。“西犬丘”就是古今学者公认的陇西郡“西县”之地。大骆及非子居“犬丘”，即今祁山盐官一带。非子“好马及畜，善养息之”，又牧马在卤城，所以养成的马膘肥体壮，个头大，耐力好，遐迩闻名，以至传闻于周孝王。

“六八图—费家庄”遗址，应是秦人在西汉水上游东北通往陇右的又一处军事驻防基地。

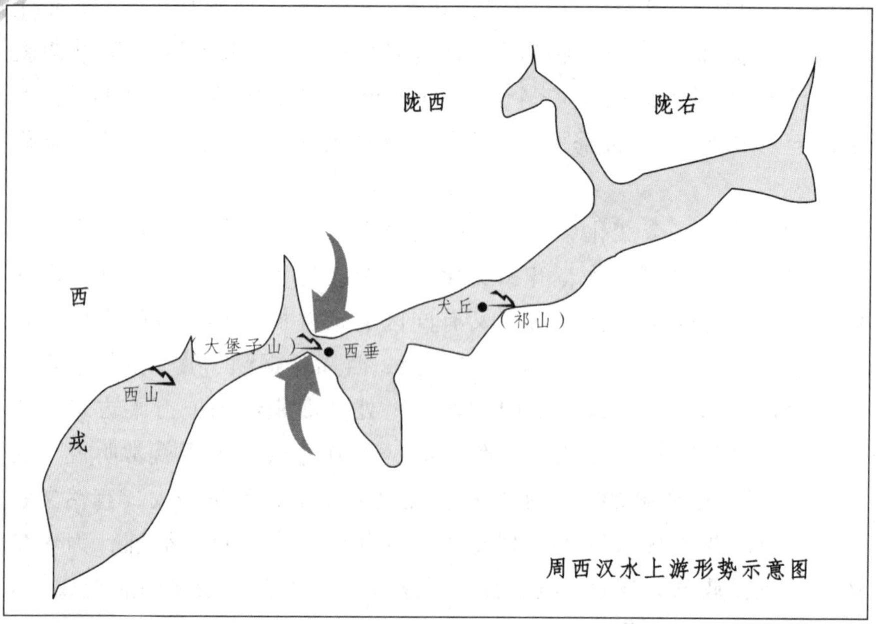

图 3-1　周西汉水上游形势示意图

二、“西县”地望

从“和仲宅西”起，学界将普通一字“西”与嬴秦联系起来，探赜索隐了千百年。的确，“西垂”“西犬丘”“西畤”“西山”“西邑”“西县”“西新邑”“西工”“西师”“西城”“西丞”“西盐”等均与嬴秦祖地、秦早期文化紧密相连，考溯上述“西”首典故对研究秦人肇地及先秦文化有十分重要的意义。

其他前后文中均有述及，此处仅以“西县”地望作一考证。

秦人为何将祖地冠“西”？

一是嬴秦自商、周至文公东迁，其祖先长居陇山以西。与西戎、西土、西陲有不解之缘。二是《说文解字》释“西”为“鸟在巢上”，契合了嬴秦鸟图腾崇拜。三是“西”“卤”金文同形，而被认为是“生命食粮”“百味之祖”的盐，就产于西垂地区的“卤城”。可能与卤盐有关。

“西县”的具体地望：

秦封泥有“西共丞”印、“西丞”印、“西盐”印；秦陶文有“西道”

"西处"等；湖南博物馆藏秦兵器有"廿年相邦冉"戈，铭文："廿年相邦冉造，西工师□，丞□，隶臣□"。西，地名，为秦故都，秦昭襄王时于先秦祖地设"西县"。秦置西县，两汉因之，地属陇西郡。又《水经·河水注》："狄道故城，汉陇西郡治，秦昭襄王二十八年置。"《后汉书·西羌传》："至赧王四十三年，宣太后诱杀义渠王于甘泉宫，因起兵灭之，始置陇西、北地、上郡焉。"据此文献记载，其事于周赧王四十三年，即秦昭王三十五年。谭其骧主编《中国历史地理图集》中有关秦陇西郡置县点注有上邽、西县、下辩、翼县、临洮、狄道、枹罕 7 县。马非百《秦集史·郡县志》利用文献也考证秦陇西郡置狄道、临洮、西县、上邽、下辩、翼县、枹罕、故道、榆中、绵诸、成纪、獂道 12 县。其中后者增加了"故道、榆中、绵诸、成纪、獂道"5 县。

而史籍中与西县有关的记载，如《史记·樊哙列传》："还定三秦，别击西丞白水北。"又《史记·绛侯世家》："围章邯废丘，破西丞。"《汉书·地理志》陇西郡有西县，"莽曰西治"。《水经注》："秦庄公伐西戎破之，周宣王与其先大骆犬丘之地为西垂大夫，亦西垂宫也。"《晋书》记载："始昌城故西县城也。"《读史方舆纪要》："西县城，州西南百二十里，即所谓西犬丘也，非子始都此，后庄公复居焉。秦并天下，改为西县。汉初周勃、樊哙击破西丞是也。"《清一统志》记载："西县故城在秦州西南一百二十里。"即秦西县在今甘肃天水市西南百二十里的礼县西汉水上游地区。

西县地域位置古今争议不大，基本有定论，即西汉水上游以礼县盐官为中心的地域。

三、非子居何处"犬丘"？

《史记·秦本纪》云："非子居犬丘，好马及畜，善养息之。犬丘人言之周孝王。"有许多学者认为大骆、非子所居犬丘为陕西兴平犬丘。实为谬矣！

"西戎反王室，灭犬丘大骆之族。"如果大骆一族居陕西兴平犬丘，那就是西戎打到周朝镐京附近的王畿之地，灭了大骆之族。怎么可能呢？"庄公居其故西犬丘。""周宣王乃召庄公昆弟五人，与兵七千人，使伐西戎，破之。于是复予秦仲后，及其先大骆地犬丘并有之，为西垂大夫。"

大骆地犬丘如在兴平，理应与“故西犬丘”之“西垂”毫无关联，为何要封庄公为“西垂大夫”呢？《水经注·漾水》云：“西汉水又西南，合杨廉川水，水出西谷，众则泻流，合成一川，东南流，迳西县故城北。秦庄公伐西戎，破之，周宣王与其大骆犬丘之地，为西垂大夫，亦西垂宫也。”郦氏明确指出“西垂”“犬丘”为周宣王封给大骆的封地。显然与兴平“犬丘”无关。《读史方舆纪要·秦州西县城》云：“即所谓西犬丘也，非子始都此。”清人顾祖禹认为“非子始都”在“西犬丘”而非兴平东犬丘。徐卫民博士指出：“槐里犬丘与‘西’毫无牵连，决非又名西垂的那个秦人祖地犬丘。”马非百先生认为：“此（槐里）乃周地之犬丘，非秦大骆、非子所居之犬丘也。”“槐里之犬丘，为懿王所都”“此西犬丘（西垂）实对在犬丘之槐里言”。段连勤先生认为：“秦嬴从中潏至非子的八世都以犬丘（西垂）为都邑。按此八世所居的犬丘，应为今天水西南之西犬丘；今兴平东南之犬丘地近沣镐，为周朝王畿之地，且周懿王曾都之，周室决不会让非子居此养马及畜。”

综上所述，大骆、非子所居犬丘为今礼县西汉水上游之犬丘，绝非兴平犬丘。

四、“在西戎，保西垂”是商还是周？

《史记》云：“其玄孙曰中潏，在西戎，保西垂。”因文中将此语放在商代嬴祖序列中叙述，故多数学者误认为中潏“在西戎，保西垂”时是商不是周。这明显是个错误。

“申侯乃言孝王曰：‘昔我先郦山之女，为戎胥轩妻，生中潏，以亲故归周，保西垂，西垂以其故和睦。’”明确指出此时在周。

按上文“二元说”，“西垂”指西土、西面边陲。商、周“西垂”差距就大了。商朝西陲在太行山以西，周朝西陲在陇山以西。沈长云教授《赵国史稿》中说，从夏末到商代中期，“赵氏祖先的居处不详。大约到商末文丁、帝乙的时候，赵氏祖先中潏移居到了商朝统治中心以西的‘西戎’地区，其所居住的具体地点叫‘西垂’，亦称西犬丘。它的具体所在，据王玉哲先生的考证，应在今山西省境内”。王玉哲先生在《中华远古史》说：“申国族很早就与秦赵祖先保持有婚姻关系，中潏即是申侯祖先骊山女同秦赵祖先胥轩联姻生下的后代。”并特别说明：“骊戎不在骊山而亦在山西南部。”关于西垂，大多将“垂”作“陲”解，即为西部边境陕西的犬丘。前文已述“西垂”在今礼县大堡子山附近。“西垂”如按“二元说”的西面边陲理解，就是两国交界处。这个“西垂”商时为西戎腹地，不可能是边陲，中潏怎么跑到戎之腹地“保西垂”呢？

尚志儒先生认为：中潏约当商末之时，与周文王为同时代人。西犬丘一名西垂，已为古文献的记载所证实，其地在今甘肃省天水县西南一带，它是嬴秦早期居地中最重要的都邑。所谓中潏“保西垂”是嬴秦在那里活动的最早记录。而中潏一族本来是居住在汾河流域一带的，正好夹在商和周两国之间。他明确指出：“是居父祖辈的中潏离开了汾河流域迁徙到西犬丘的。他的西迁与商周间的微妙关系及其势力消长密切相关。”“殷商王朝的日渐衰落，姬周势力的日益强大，（中潏一族）最终选择了归附周文王的道路，并向西迁徙，与戎杂居，镇守在西垂。”此观点，似应更接近事实本身。

所以，中潏“在西戎，保西垂”在周不在商。

第四章　嬴秦的起源

相传黄帝有二十五个儿子，其中拥有自己姓氏的有十四人。黄帝居住在轩辕山，娶西陵国的女子为妻，这就是嫘祖。嫘祖是黄帝的正妃，生有两个儿子，他们的后代都领有天下：一个叫玄嚣，也就是青阳，青阳被封为诸侯，降居在江水；另一个叫昌意，也被封为诸侯，降居在若水。昌意娶了蜀山氏的女儿，名叫昌仆，生下高阳，高阳有圣人的品德。黄帝死后，埋葬在桥山，他的孙子，也就是昌意的儿子高阳即帝位，这就是颛顼帝。司马迁《史记·秦本纪》记述：颛顼有个孙女，名叫女修。有一天女修织布时，低飞的燕子掉下一枚蛋，女修捡起吃了它，不久便生下儿子大业。大业成人后娶了少典的女儿女华为妻。夫妻生有一子名叫大费，大费天资聪颖，勤奋好学，能力非凡，仕途通达，成为舜帝重臣，后来被授职辅佐大禹平治水土。大禹恪尽职守，屡建奇功，舜帝赐给他黑色玉圭。禹受赐说："不是靠我就能成功，还多亏大费的帮助。"帝舜说："费呀，是你辅佐禹取得了成功，我要赐你黑色旗旒。你的后世子孙将兴旺发达。"因此把姚姓的美女赐给他为妻。大费拜受，帮助舜驯养鸟兽，鸟兽多被驯服。这就是柏翳（伯益）。他被舜帝赐姓嬴，继承白帝之姓。

《帝王世纪》说："少昊帝名挚，字青阳，嬴姓也。"少昊氏是黄帝的儿子，是上古时期的五帝之一，执政期间"以鸟纪官"，制定历法，首创"二十八宿"的命名方法，统治区域在今山东一带。相传少昊氏在位时间长达 84 年。

"嬴姓十四氏"源于最早从嬴姓分出来的 13 个氏，这在《史记·秦本纪》中有记载，"秦之先为嬴姓，其后分封，以国为氏，有徐氏、郯氏、莒氏、终黎氏、运奄氏、菟裘氏、将梁氏、黄氏、江氏、修鱼氏、白冥氏、蜚廉氏、秦氏。"如今的廉、谷、钟、梁、黄、费、徐、秦、许、江、赵、李、马、葛、缪、钟、谭、瞿、金、苏、英、裴、邝、旷等姓，除了李、赵、马等外，几乎都单一源于嬴姓。

秦朝灭亡后，六国遗民都痛恨秦的统治，嬴姓人四散逃亡，为躲避追杀，嬴姓人改为他姓隐居的情况相当普遍，而且罕有记载。21世纪，嬴姓人在江苏、山东、云南、北京、河北、福建、浙江等19个省份均有分布。江苏嬴姓人最多，但分布比较分散；四川、贵州两省嬴姓人口总数约4000人，祖上曾出过大将；山东临沂市河东区有上千嬴姓人居住，其他地市相加也有约千人；其他各省嬴姓人口相加，约有4 000人。

《史记·秦本纪》记载，大费生有两个儿子：一个叫大廉，即鸟俗氏；另一个叫若木，即费氏。费氏的玄孙叫费昌。其子孙有些住在中原，有些住在夷狄之地。费昌生当夏桀之时，脱离夏，投奔商，为汤驾车，在鸣条打败桀。大廉的玄孙叫孟戏、中衍，他们身上文着鸟的图案。帝太戊听说他们后，便卜问是否可让中衍来驾车，卜的结果是吉祥，便召中衍来驾车并赐女为其妻。从太戊以来，中衍的后代，世世辅佐殷国有功，所以嬴姓中有不少显赫于世的，他们最终成为诸侯。

中衍的玄孙叫中潏，住在西戎，保卫守护西垂。中潏生蜚廉。蜚廉生恶来。恶来有力，蜚廉善跑，父子都凭勇力臣事殷纣王。周武王伐纣，连恶来一起杀死。当时蜚廉正为纣在北方采石，回去已无可复命，便在霍太山筑坛祭报殷纣王，结果得一石棺，其铭文说："上帝使处父[①]幸免于殷亡之乱，赐给你石棺以光耀氏族。"蜚廉死后便葬于霍太山。蜚廉还有一个儿子叫季胜。季胜生孟增。孟增有宠于周成王，他就是宅皋狼。宅皋狼生衡父。衡父生造父。造父以擅长驾车而有宠于周穆王，周穆王得到骥、温骊、骅骝、騄耳等驾车的骏马，西去巡狩，乐而忘返。徐偃王作乱，造父为穆王驾车，长驱疾驰，一日千里，赶回周地来平定叛乱。穆王把赵城封给造父，造父一族从此称为赵氏。从蜚廉生季胜传五世到造父，开始住在赵城。赵衰就是他的后代。恶来是蜚廉的儿子，早死，他有儿子叫女防。女防生旁皋，旁皋生太几，太几生大骆，大骆生非子。他们都因造父所受之宠，承赵城之名而获嬴姓赵氏。

非子居住在犬丘，喜好马和大牲畜，养殖技术更是遐迩闻名。犬丘人把这些告诉周孝王，孝王便招来非子问明了情况，命他在汧水、渭水

---

① 处父：即蜚廉别号。

交会处掌管养马，果然马匹繁衍得很多，长得也膘肥体壮。孝王非常满意，想立非子为大骆的嫡子。但申侯之女为大骆的妻子，她生的儿子叫成，已被立为嫡子。所以申侯对孝王说："从前我们的祖先郦山之女，是戎胥轩的妻子，生了中潏，中潏由于亲戚关系而归附于周，保卫守护西垂，西垂因此才和睦。现在我们又嫁女给大骆为妻，生下嫡子成。申人和大骆再次通婚，西戎全都归顺，您才得以为王。请您再三考虑。"孝王说："从前伯翳为舜掌管牲畜，牲畜繁衍得很多，因此受封，被赐姓为嬴。现在他的后代又来为我养马，我也要分封国土让他作附庸。"故而把非子封在秦，让他重新接续嬴氏的祀统，号称秦嬴。但同时又不废去申侯之女所生立为大骆嫡子者，以安抚西戎。

秦嬴生秦侯。秦侯在位十年，死。秦侯生公伯。公伯在位三年，死。公伯生秦仲。

秦仲在位三年后，周厉王无道，有些诸侯起来反叛。西戎也反叛王室，灭了住在犬丘的大骆之族。所以周宣王即位后，便任命秦仲为大夫，讨伐西戎。结果西戎杀秦仲。秦仲共在位二十三年，留下五个儿子，其中年长的是庄公。周宣王便又召庄公五兄弟，给他们士兵七千人，让他们征伐西戎，终于将西戎击溃。周宣王把土地重新给予秦仲的后代，连同其祖先大骆的封地犬丘在内，并封庄公为西垂大夫。

庄公住在大骆的故邑西犬丘，生有三个儿子，长子是世父。世父说："西戎杀死我的祖父秦仲，我不杀戎王绝不敢入城而居。"于是准备率兵攻打西戎，故让位给他的弟弟襄公。襄公因而成为太子。庄公在位四十四年，死，太子襄公即位。襄公元年（前 777），把妹妹缪嬴嫁给丰王为妻。襄公二年（前 776），西戎围攻犬丘，世父迎击，被戎人俘虏。过了一年多，戎人又放回世父。七年春（前 771），周幽王立褒姒为后，废太子，改立褒姒之子为嫡子，并多次失信于诸侯，因而诸侯反叛。西戎中的犬戎和申侯伐周，把周幽王杀死在郦山下。而秦襄公率兵救援周王室，作战非常卖力，有功。周为避犬戎侵犯故东迁洛邑，襄公率兵护送周平王。平王封襄公为诸侯，赐给他岐以西之地，说："戎人无道，强占我岐、丰之地，秦若能赶走戎人，即可拥有这些土地。"与秦立誓，封赐爵称。襄公从此正式建立国家，与诸侯互派使节往来，并用赤色幼马、黄牛、公羊各三，祭祀上帝于西畤。十二年（前 766），襄公伐西戎至岐，死。

襄公生文公。

文公元年（前 765），住在西垂宫。三年（前 763），文公率兵七百人东猎。四年（前 762），文公率众到汧水、渭水交会处。文公说："从前周把我们的祖先秦嬴封在此地，后来秦终于成为诸侯。"于是占卜是否居于该地，占辞为吉，便营筑城邑。十年（前 756），于鄜地用三牢祭祀。十三年（前 753），开始设史官记事，人民越来越开化。十六年（前 750），文公率兵伐戎，戎败逃。文公收罗留居当地的周人归自己统治，将领土扩大到岐，而把岐以东的土地献给周。十九年（前 747），获得陈宝。二十年（前 746），法律开始规定三族之罪。二十七年（前 739），砍伐南山上的大梓树，驰击丰水中的大公牛。四十八年（前 718），文公太子死，赐谥为竫公。竫公的长子被立为太子，此即文公的孙子。五十年（前 716），文公死，葬于西山。竫公的儿子即位，就是宁公。

文公东迁离开礼县以后之事，本文再不赘述。

关于秦人的族源，学界有两种基本观点。"东来说"认为，秦人是华夏族西迁的一支，最早是一支居住于山东地带的部族。其先祖部族早在殷商时期就为诸侯，颇受商朝重视。后因嬴氏部族的一部分人参与了武庚挑唆的三监之乱而遭到周公姬旦的惩罚，故这些居住于东方的秦人，被迫西迁于甘肃东南。

以王国维为代表的"西来说"认为"秦之祖先，起于戎狄"。一些先秦典籍中称秦人为"狄"或"戎狄"，甚至到春秋战国时期，华夏诸国仍将秦视同戎狄等，这些都成为秦人"西来说"的依据。俞伟超、刘庆柱等考古学家也持"西来说"，认为秦人的洞室墓、屈肢葬等文化元素源于甘青地区的辛店文化。

康世荣先生认为："西垂秦人既不是东方夷人西迁而来，也不是当地的西戎人世居而起。而是以商末的嬴人后裔中潏一支为主体，在 300 年的时间中融合同化当地少部分戎人而形成的新的一族。"

笔者赞同康世荣先生的观点。"东、西"说均欠妥。"东来说"的根据之一是《清华简·系年》："周武王既克殷，乃设三监于殷。武王陟，商邑兴反，杀三监而立彔子耿。成王屎伐商邑，杀彔子耿，飞廉东逃于商盖氏，成王伐商盖，杀飞廉，西迁商盖之民于邾虘，以御奴虘之戎，是秦先人，世作周卫。周室既卑，平王东迁，止于成周，秦仲焉东居周地，以守周之坟墓，秦以始大。”清华简本身错漏不少，信度较低。更何况史籍记载最先来到“邾虘”附近“西垂”的是中潏一族。蜚廉、恶来本来就是中潏的后代，中潏“在西戎，保西垂”在先，蜚廉一族西迁在后，他们为何要西迁到“西垂”一带，极有可能与中潏“在西戎，保西垂”期间，在西垂留下的嬴人根脉有关系。

“东来说”的重点是中潏的来历。中潏祖先少昊统治区域在今山东一带，相传在位时间长达 84 年。《史记》说大廉、费昌，其子孙有些住在中国，有些住在夷狄。中潏一族是在“中国”还是“夷狄”，何时西迁山西，为何要来山西？至于“在西戎，保西垂”动机、时间、地点较为明确，但后续的去向行踪不明，需要史籍及实物佐证说明。

“西来说”认为秦人为“戎狄”是站不住脚的。自伯益继承少昊嬴姓，中潏迁西戍边，造父酬功封赵，大骆定居西垂，嬴姓一族生生不息没有断过族脉，他们绝非“戎狄”。只是与“戎狄”长期共处，间或通婚和睦、间或交恶缠斗，生活互通、文化互融罢了。

正如祝中熹先生所说：“如果说秦人为西北土著民族，关陇地区本即他们的老家，那么，我们应当在当地古文化中，找到秦文化的母体才是。换句话说，关陇地区的古文化应当存在一种与秦文化具有源流关系的类型。但是即以夏商时代关陇地区的古文化言，尽管是多元并存，彼此影响渗透，演变形态极其复杂，总体上说还是有脉络可寻的，几种主要文化如宝鸡地区的刘家文化、先周文化，甘肃东部的齐家文化、寺洼文化、辛店文化，其主体性特征考古学界基本上是搞清楚了的，它们无一能与秦文化相对应，其与秦文化不属同一系统为人们所公认。大堡子山秦西垂陵区的发现，再一次显示了上述现象。不论从墓葬形制、规格看，还是从葬品类型、工艺看，除了突出显示秦人受周文化的巨大影响外，我们看不出与关陇地区的羌戎文化有任何同源迹象。大墓为中字形和目字形，车马坑为曲尺形，除东西墓向呈现秦人独具的特色外，各方面皆循殷周旧制。随葬品的器物组合，虽经盗掘而难知其详，但所出器物类型已显示其与周制无别。所出青铜器铸作工艺和形制，皆师法周人，尤其是纹饰与铭文风格，几乎完全是对周器的承袭。”

嬴姓后裔中潏一族，是秦的祖先更为合理。大骆一族延续中潏族脉，长期居住西垂（礼县），开疆拓土，稳固根基，为秦人（秦仲、庄公、襄公、文公等）盘踞西垂奠定了坚实基础。非子因善养马而得封地“秦邑”，但此时“秦邑”只是周的“军马场”，他的嫡族根脉还在西垂，族群仍居西垂，族人的政治、军事、文化、经济中心仍在西垂，并非随之迁移到“秦邑”。实际“秦邑”仍属西犬丘大骆的势力范围。作为“弼马温”的非子因承祖业养马而登上西周政治舞台，为嬴秦一族的发展做出了杰出贡献。提及“秦人的发祥地”人们往往将视线投向汧水以西的陇县、清水、张家川，这显然是一个偏失。

第五章　嬴秦显祖

一、伯益

伯益（生活于约公元前 21 世纪），又名伯翳，也称大费，他是大业的长子、蟜极曾孙（或元孙）、黄帝的六世孙。

《史记·秦本纪》载："秦之先，帝颛顼之苗裔孙曰女修。女修织，玄鸟陨卵，女修吞之，生子大业。大业取少典之子，曰女华。女华生大费，与禹平水土。"

"大费生子二人：一曰大廉，实鸟俗氏；二曰若木，实费氏。其玄孙曰费昌，子孙或在中国，或在夷狄。费昌当夏桀之时，去夏归商，为汤御，以败桀於鸣条。大廉玄孙曰孟戏、中衍，鸟身人言。帝太戊闻而卜之使御，吉，遂致使御而妻之。自太戊以下，中衍之后，遂世有功，以佐殷国，故嬴姓多显，遂为诸侯。"

传说尧舜时期，"鸿水滔天，浩浩怀山襄陵，下民其忧"（《史记·夏本纪》)。黄河泛滥，水灾不断，洪水冲毁了房屋、农田，人畜淹死无数，灾民流离失所，苦不堪言。尧召集四方首领商议治水，有人推荐鲧，说他治水有方，可当此任。尧采纳了他们的意见，遂命鲧率众治水。鲧带领民众搬石屯土，构筑堤坝，堵截水流，建起了许多截流工程。但逢暴雨洪水，防堤往往被冲垮，九年功夫付诸东流，治水工程以失败而告终。他因劳民伤财、治水无果被舜杀死在羽山。

水患没有得到治理，水灾依然严重。舜召集议事，推选禹领导治水。禹是鲧的儿子，从小跟随父亲治水，目睹了许多水灾现场，体恤灾民疾苦，有着丰富的实践经验。他认真总结父亲失败的原因，采用划片治理、分类疏导的方略，加固大河岸堤，疏导上游堰塞，掘通支流阻梗，开辟田间水道，凿井迁民，指导农耕，非常勤劳。他夙兴夜寐、胼手胝足，三过家门而不入，奋战了十三年，终于治理好洪水，解除了人民水患之苦。

后人评价大禹治水为“芒芒禹迹，划为九州”，平水者“名川三百，支流三千，小者无数”(《庄子·天下篇》)，“使民得陆处”(《淮南子·人间训》)。

《史记·夏本纪》载：“禹乃遂与益、后稷奉帝命，命诸侯百姓兴人徒以傅土，行山表木，定高山大川。禹伤先人父鲧功之不成受诛，乃劳身焦思，居外十三年，过家门不敢入。薄衣食，致孝于鬼神。卑宫室，致费于沟淢。陆行乘车，水行乘船，泥行乘橇，山行乘檋。左准绳，右规矩，载四时，以开九州，通九道，陂九泽，度九山。令益予众庶稻，可种卑湿。命后稷予众庶难得之食。食少，调有余相给，以均诸侯。禹乃行相地宜所有以贡，及山川之便利。”

伯益佐禹治水，功勋卓著。相传《山海经》即为大禹、伯益所作，故有人称该书为“伯益之书”。《吴越春秋》云：禹“遂行四渎，与益、夔共谋。行到名山大泽，召其神而问之。山川脉理，金玉所有，鸟兽昆虫之类及八方之民俗，殊国异域土地里数，使益疏而证之。故名之曰《山海经》”。东汉王充《论衡·别通篇》亦谓：“禹、益并治洪水，禹主治水，益主记异物。海外山表，无远不至，以所见闻，作《山海经》。”

被舜任命治水的官员还有益、契、后稷、皋陶等人，他们除了佐禹治水，按照分工，还指导农耕种植，驯兽养畜，狩猎垦荒，凿井取水，选址修造等。其中益（伯益）功绩斐然。《史记·秦本纪》记载禹在受到舜嘉奖时说：“非予能成，亦大费为辅。”“帝舜曰：‘咨尔费，赞禹功，其赐尔皂游。尔后嗣将大出。’乃妻之姚姓之玉女。大费拜受，佐舜调驯鸟兽，鸟兽多驯服，是为柏翳。舜赐姓嬴氏。”

伯益因擅长调驯鸟兽担任舜的虞官，他调驯鸟兽的本领真是非同一般，《史记·秦本纪》说“鸟兽多驯服”，《诗·秦风谱》说“能知禽兽之言”。伯益开创的这项祖业，薪火相传，后来嬴族出了不少善养畜、善驾驭的人，他们也因此显赫一时，甚至在政治舞台上大有作为。

《山海经·西山经》记述：“(西山)又西三百二十里曰嶓冢之山，汉水出焉，而东南流注于沔。”《尚书·禹贡》言：“嶓冢导漾，东流为汉。”《水经注·漾水》云：“今西县嶓冢山，西汉水所导也。”《汉书·地理志》：“禹贡嶓冢山，西汉水所出，南入广汉白水，东南至江州入江。”可见，嶓冢即嶓冢山，是今天水南齐寿山，非陕西宁强嶓冢山。漾即漾水，今西汉水上游。治理西汉水是一个浩大工程，大禹率众治理，非一日之功，肯定要经过较长时间，那么辅禹治水的其他官员如伯益也极有可能参与其中。依理可推，伯益可能来过礼县，并对礼县西汉水流域的情况非常熟悉，所以将“嶓冢导漾”写入了《山海经》。

帝舜禅位于禹后，伯益被任命为执政官，总理朝政。《史记》记载禹死后禅让于益继位，但四方诸侯比较属意禹之子启，于是益禅让于启后隐居到箕山南麓。《竹书纪年》记载，益因与启发生争执，帝启六年，被启杀死。

总括起来，伯益的功绩主要有：

（1）佐禹平治水土，这点可见于《史记》之《夏本纪》《秦本纪》等。

（2）遭受洪水侵袭的地方，伯益根据当地地势低洼的特点，教给民众种植稻谷的方法，促进了农业的发展。

（3）传说伯益发明了凿井技术。《经典释文》卷二井卦引《世本》云：“化益作井。”《吕氏春秋·勿躬篇》曰：“伯益作井。”凿井技术的发明有重大的意义。在此技术发明之前人们不得不沿河流定居，忍受河水泛滥的威胁。凿井采水技术发明后，人们可远离河流，避开水患，选择地势较高的地方居住。

（4）伯益在政治上也很有建树。他曾告诫大禹，凡事要有前瞻性，要虑事周全。不要违背法则、制度，不要过度游乐享受，不要违背规律去追求百姓的称誉，不要违反民意而满足自己的欲望。治国不能懈怠，政事不能荒废，谦虚会得到益处，自满会导致失败，要选贤任能、锄奸去邪。

（5）在处理民族矛盾方面，伯益亦表现出远见卓识。舜时，三苗离心离德，舜便派大禹武力征服，三苗不服。伯益提议，要恩威并举，德武相济。大禹接受了伯益的建议，实行文教德治，三苗族受到感化，终于归顺。

（6）《山海经》记载了许多神话故事，被后世称为奇书。现代学者均认为其成书并非一时。有种说法认为《山海经》最初的撰写人很可能是就是伯益。伯益将跟随大禹治水时所经历的地理山川、草木鸟兽、奇风异俗、轶闻趣事记录下来，这些成为了《山海经》的重要素材。

（7）伯益因功受封赐嬴姓，为嬴氏一族发展壮大起到了承上启下的重要作用。

（8）伯益擅长“调驯鸟兽”，养畜驾驭，并将技术传授给族人，成为本族长期传承的立身谋生的“看家本领”，为嬴族后来的发展起到了关键作用。

二、费昌

《史记·秦本纪》载："大费生子二人：一曰大廉，实鸟俗氏；二曰若木，实费氏。其玄孙曰费昌，子孙或在中国，或在夷狄。费昌当夏桀之时，去夏归商，为汤御，以败桀于鸣条。"

费昌继承部落首领之位时，正是夏桀当政之际，当时，夏朝臣僚大都荒淫无度、奢侈腐朽。费昌对夏王朝的前途感到十分担忧，多次向夏桀进谏，劝其俭奢华、轻赋税，减轻人民的负担，夏桀不但不听其劝告，反而认为费昌是在收买人心，图谋不轨，于是暗中下令将费昌关进监狱。费昌事先得报，举家逃到了正在汇集天下英雄，商讨灭夏大事的商国。

费昌是夏桀时颇有声望的贤臣，伊尹早就建议商汤与其联系，以便削弱夏桀身边的力量，今见费昌避难本国，商汤与伊尹都无比高兴，于是立即召费昌入宫，三人连夜商讨灭夏桀的大事。《史记》中的《秦本纪》记曰：费昌为"汤御"。即指费昌充当了商灭夏的开路先锋。费昌统兵伐夏，夏兵多于战前倒戈，商兵势如破竹，夏桀只得亲自统兵迎战。费昌"败桀于鸣条（今山西省运城安邑镇）"，为商朝的建立立下了赫赫战功。

三、孟戏、中衍

《史记·秦本纪》载："大廉玄孙曰孟戏、中衍，鸟身人言。帝太戊闻而卜之使御，吉，遂致使御而妻之。自太戊以下，中衍之后，遂世有功，以佐殷国，故嬴姓多显，遂为诸侯。"

孟戏、中衍，相传是伯益儿子大廉的玄孙。兄弟俩身上都纹着鸟图腾。在商帝太戊时，帮助商朝驯养鸟兽，掌管畜牧。他们善骑好驾，技艺超群。商帝太戊时期，孟戏、中衍经常给太戊驾车，得到太戊的赏识，并为他们娶妻。从太戊以后，中衍的后代子孙，代代都有功劳，以辅佐殷国，所以嬴姓子孙大多显贵，于是成为诸侯。

四、中潏

中潏，商帝乙时人，嬴姓。伯益的后裔，中衍的玄孙，为胥轩与骊山女所生。

《史记·秦本纪》载："中潏，在西戎，保西垂。""申侯乃言孝王曰：'昔我先郦山之女，为戎胥轩妻，生中潏，以亲故归周，保西垂，西垂以其故和睦。'"

关于这段历史，王玉哲先生在《中华远古史》中说："申国族很早就与秦赵祖先保持有婚姻关系，中潏即是申侯祖先骊山女同秦赵祖先胥轩联姻生下的后代。"并特别说明："骊戎不在骊山而亦在山西南部。"

中潏"在西戎，保西垂"是何身份？典籍中无明确叙述，但从当时嬴族的名望，西戎的强大，"在西戎，保西垂"后的形成的戎、商和睦关系及周灭商这一敏感时期西戎静观其变没有兵戎相见等事实推知，中潏绝非普通之人，而是被委以重任的"封疆大吏"，掌管殷商西防的军政大权。中潏驻防的"将军府"可能就设在"西垂"这一地方，即甘肃礼县西汉水上游的永兴一盐官一带。

由于中潏"保西垂"成效显著，影响力很大，加之与西戎的特殊关系，中潏归周后又受命为西周"保西垂"，历时几十年。

2004 年由中国国家博物馆考古部、北京大学考古系、西北大学考古系、陕西省考古研究院、甘肃省文物考古研究所组成的"早期秦文化联合考古队"在礼县西汉水上游进行了为期 5 年的调查，初步探明的 98 处（13 处为天水、西和境内）秦以前各时期的古代遗址。其中周秦文化遗址 38 处，寺洼文化遗址 20 余处，而且两种文化交错叠加。据此猜想，中潏一族的嬴人可能留居这一带，并建立了稳固的根基，为嬴秦后来长期落脚此处建立了根据地。

五、蜚廉

蜚廉，亦作飞廉，商纣王帝辛时人。秦国、赵国的祖先，伯益后裔。

《史记·秦本纪》载："其玄孙曰中潏，在西戎，保西垂。生蜚廉。蜚廉生恶来。恶来有力，蜚廉善走，父子俱以材力事殷纣。周武王之伐纣，并杀恶来。是时蜚廉为纣石北方，还，无所报，为坛霍太山而报，得石棺，铭曰：'帝令处父不与殷乱，赐尔石棺以华氏。'"

《清华简·系年》第三章："周武王既克殷，乃设三监于殷。武王陟，商邑兴反，杀三监而立彔子耿。成王屎伐商邑，杀彔子耿，飞廉东逃于商盖氏，成王伐商盖，杀飞廉，西迁商盖之民于邾虘，以御奴虘之戎，是秦先人，世作周卫。周室既卑，平王东迁，止于成周，秦仲焉东居周地，以守周之坟墓，秦以始大。”

六、孟增

孟增，伯益的后代，商朝纣王的大臣蜚廉的孙子、季胜的儿子，《史记·秦本纪》载：“季胜生孟增。孟增幸于周成王，是为宅皋狼。皋狼生衡父，衡父生造父。”孟增，自幼聪明过人，对商朝的甲骨文造诣颇深，因而“幸于周成王”，被周成王召入宫内，当上了讲学的太学士。不久，孟增就得到了周成王的嘉奖，被赐封于皋狼（今山西省与陕西省交界之处的河套地区）。孟增以地显贵，被周成王赐名皋狼。

七、造父

造父，嬴姓，伯益的后代，蜚廉四世孙，中国历史上著名善御者。《史记·秦本纪》载：“孟增幸于周成王，是为宅皋狼。皋狼生衡父，衡父生造父。造父以善御幸于周穆王，得骥、温骊、骅骝、騄耳之驷，西巡狩，乐而忘归。徐偃王作乱，造父为穆王御，长驱归周，一日千里以救乱。穆王以赵城封造父，造父族由此为赵氏。自蜚廉生季胜已下五世至造父，别居赵。赵衰其后也。”《史记·赵世家》载：“穆王使造父御，西巡狩，见西王母，乐之忘归。而徐偃王反，穆王日驰千里马，攻徐偃王，大破之。乃赐造父以赵城，由此为赵氏。”《史记·秦本纪》又载：“太几生大骆，大骆生非子，以造父宠，皆蒙赵城，姓赵氏。”

《姓纂》记载：“帝颛顼伯益嬴姓之后，益十三代至造父，善御，事周穆王，受封赵城，因以为氏。”

根据《穆天子传》记述，周穆王很重视造父家族。造父喜欢钻研驾马车的技术，周穆王并不因此看低造父，他还夸奖造父的马车驾车技术纯熟，封造父为天子御用的御马官，让造父享受了无与伦比的荣耀。

相传，造父是因有祖父孟增的功德，成为周穆王的亲信随臣。造父与周穆王的岁数相近，都爱收养天下名马，擅长狩猎。周穆王封造父为御马官，专管天子车舆。造父游潼关得骏马六匹，并知潼关东南山中的桃林产天下名马。当时，周天子车乘的八匹骏马，需品种统一，毛色无杂。造父得六匹名马，若献给周穆王，还少两匹。若留为己用，其品种又都优于穆王车乘之马，自感不安。于是，造父向穆王奏明原委，决定亲自入桃林寻良马，补足八匹，送给穆王。

周穆王看见已得的六匹良马，确实是天下之冠，便催促造父尽快寻良马，以换新乘。据《史记·赵世家》张守节之正义：桃林之地，“广阔三百里”，树木参天，遮天蔽日，捕获千里良驹，实为困难。造父在桃林之中，风餐露宿，入蛇蟠之川，闯虎穴之沟，终于获良马两匹，合原六匹为二乘（天子车为二乘，一乘有马四匹），以作奉献。周穆王万分喜悦，立即换新舆，并赐名造父亲捕的两匹良马为“骅骝”“騄耳”。造父所献的马，均为千里驹，周穆王对造父更是宠爱。有一天，召造父同乘，出都城丰镐（今陕西省西安市），纵马西行，不一会，随行卫队就被远远地甩在身后，不见踪影。君臣二人，乘兴扬鞭催马，半日就到了西域。这里地广人稀，山川壮丽，景色古朴，大异于关中。他们看到这里珍兽猛禽遍地，顿生狩猎之心，都积极追禽赶兽，很快猎获珍兽猛禽满车。这时，天色已晚，无法辨别归途，他们便决定在西域找住处，寄宿一夜。二人驾车，任凭良马缓缓而行。良马识途，不知不觉就到了难于觅见的仙境——西域瑶池，得到西王母的热情接待。

传说西王母是容貌绝世、能唱歌谣的神女。周穆王与西王母在瑶池上饮酒唱和，尽情欢娱，乐而忘归。国都无君主，朝纲渐衰，酿成徐偃王之乱。

徐偃王是夏朝的封国徐国的国君之后。据《括地志》载：“大徐城在泗州（今江苏宿迁东南）徐城县北三十里，古之徐国也。”徐偃王见周穆王与造父驱车西狩不归，趁朝纲松懈，自认为叛乱时机已到，便举兵反周，一时势不可当。

周穆王自入瑶池，与西王母同乐，早已忘却归朝之事。造父忽见千里驹，性躁不安，料知必有事变。于是，放出一骑，任其飞驰。恰巧，放出之骑领来周王侍队入瑶池。该侍队已寻找周穆王多日，见千里驹，才知瑶池方位。周穆王得知徐偃王叛变的消息，才知自己已险失其国。立即告别西王母，登舆回朝。造父自任舆驾，八匹千里驹，如龙腾飞云，神速回到京城，使徐偃王不及防备。徐军传闻周穆王乘八龙驾云而归，一夜之间，士兵逃亡近半。次日，周穆王率大军攻打徐偃王，大破之。

周穆王为了表彰造父在此役中所建的救国安邦之功，赐造父以赵城为邑（今山西省洪洞县赵城镇）。赵氏由此得姓。因此，造父是天下赵姓的立姓始祖，又是血源始祖。

《列子·汤问》中记载了造父学御的故事：

> 造父之师曰泰豆氏。造父始从习御也，执礼甚卑。泰豆三年不告，造父执礼愈谨，乃告之曰："古诗言：'良弓之子，必先为箕；良冶之子，必先为裘。'汝先观吾趣。趣如吾，然后六辔可持，六马可御。"造父曰："唯命所从。"
>
> 泰豆乃立木为涂，仅可容足；计步而置，履之而行。趣步往还，无跌失也。造父学之，三日尽其巧。泰豆叹曰："子何其敏也!得之捷乎!凡所御者，亦如此也。曩汝之行，得之于足，应之于心。推于御也，齐辑乎辔衔之际，而急缓乎唇吻之和，正度乎胸臆之中，而执节乎掌握之间。内得于中心，而外合于马志，是故能进退履绳而旋曲中规矩，取道致远而气力有余。诚得其术也，得之于衔，应之于辔；得之于辔，应之于手；得之于手，应之于心。则不以目视，不以策驱，心闲体正，六辔不乱，而二十四蹄所投无差；回旋进退，莫不中节。然后舆轮之外可使无余辙，马蹄之外可使无余地；未尝觉山谷之崄，原隰之夷，视之一也。吾术穷矣，汝其识之。

这则故事翻译过来就是：造父的师傅名叫泰豆氏。造父开始跟着他学习驾御（马车）的时候，行礼很谦恭，泰豆三年没有教（任何东西）。造父礼节上更加恭敬小心，于是（泰豆）跟他说："古诗有言：'擅长制造良弓的人，必须先做簸箕；擅长冶炼的人，必须先做皮革处理。'你先（注意）观看我快走的方法。快走的方法像我一样了，然后才可以掌握住六根缰绳，驾御好六匹马（的马车）。"造父答道："一切照办。"

泰豆于是立起木桩作为道路，（木桩上）只能放一只脚；按照（一定的）步伐（数）放置（木桩），踩着木桩行走。他快步往返，不会摔倒和走错。造父学习这个，三天就完全学会了他的技巧。

泰豆惊叹道："你真是太聪明了！学得这么快！凡是要驾御马车的人，都要如此训练。前面你的（这些快步）行走，用的是你的脚，你在心里体会其中的技巧。推而广之到驾御方面，是要协调好缰绳和辔衔，并通过口中或轻或重的吆喝来调整马车奔驰的快慢，让马的行动法度了然于你的心中，从而把握住所有的节奏。在内得心应手，在外让马也心领神会，这样无论进退都能走得像用绳墨与规矩画的一样笔直，转弯像圆规画的一样圆，即使走远路，马也会有气力。真正学会了驾御的技术，（应该是这样的：）对马嚼子的控制，响应的是来自缰绳的信号；对缰绳的控制，响应的是来自手的信号；手上的动作，服从的是心的指挥。这样就不是用眼睛去看，不是用鞭子去赶，心境闲暇，身体端正，六匹马的缰绳不乱，二十四个马蹄跑得不会出差错；转弯、前进、后退，没有不是中规中矩的。到这样的时候，车轮之外不会有多余的车辙痕迹，马蹄可以踏的宽度之外不必有多余的地面；就不会觉得山川谷地有什么险，平原湿地，看它们都是一样的了。我的技术全在这了，你牢牢记住这些。”

八、大骆

大骆，嬴姓，纣王名臣恶来的曾孙，太几的儿子。西周时期犬丘封主，秦国始封主秦非子之父。

中潏“在西戎，保西垂”之后，太几、大骆、成等嬴氏族人长期盘踞于西疆犬丘一带，为周王朝戍边御敌。由于时间跨度长，西垂地域特殊、资源有限等诸多因素制约，嬴人与西戎时而和亲和睦、时而交恶缠斗，互融互鉴，互相遏制。从总体上讲，他们为周守住了边界，避免了周、戎大规模的攻伐，为周王朝的统治、壮大赢得了时间。因此，大骆一族受到朝廷的重视，申侯将其女嫁给了大骆，至少在周孝王至周厉王时期，“西犬丘”这块边疆要塞成为了嬴人的封地，为嬴人发展壮大提供了根据地。直至周厉王三十七年（前843)，西戎族反叛周王朝，灭了犬丘大骆全族。

九、秦非子

非子，嬴姓赵氏，原名叫赵非子，大骆后裔。其先祖大费佐舜驯服众多鸟兽，舜赐姓嬴。后来伯益后裔造父为周穆王御马平定徐偃王之乱有功，穆王以赵城封造父，从此造父族为嬴姓赵氏。周孝王时期（前 897—前 888），造父堂玄孙大骆的庶子非子（因造父之宠，也姓赵氏，称赵非子）居于犬丘（今礼县永兴、盐官一带），善养马。公元前 890 年，受周孝王诏，主管养马于汧水、渭水之间。

周孝王为了振兴王室，抵御北方戎狄的侵扰，选择了汧水、渭水之间这块土壤肥沃的天然牧场大养其马。周孝王对这件富国强兵的大事十分重视，每年都要去牧场检阅一番。有一年秋天，周孝王去巡视马匹饲养情况，从牧场一位犬丘人氏那里得知，非子极会养马，马只要一经他手，就会又肥又俊。

孝王立即命养马的小臣带非子来见。孝王问及养马之道，非子对答如流，对于马匹的调养、训练、繁殖和疾病防治等，都能说出一套高超的办法。孝王听后十分高兴，就让他主管这一带的马场。非子受命之后，处处尽职尽责，不几年工夫，马匹数目大大增加，而且养的马雄骏无比，孝王每年来看都非常满意。为了奖赏和表彰他的功劳，孝王赐他封地，地名为秦（渭水以西），并号曰“秦嬴”（邑在张家川镇瓦泉村），从此开创了秦人由游牧部落向国家形式逐步过渡的新纪元。

“马者，甲兵之本，国之大用。安宁则以别尊卑之序，有变则以济远近之难。”马在中国古代扮演着重要角色，军事、交通、农耕、仪仗、骑射、驿传处处离不开马。因而马政是古代极其重要的一项事业。

《史记·秦本纪》记述：“有非子居犬丘，好马及畜，善养息之。犬丘人言之周孝王，孝王召使主马于汧渭之间，马大蕃息。孝王欲以为大骆嫡嗣。申侯之女为大骆妻，生子成为嫡。申侯乃言孝王曰：‘昔我先郦山之女，为戎胥轩妻，生中潏，以亲故归周，保西垂，西垂以其故和睦。今我复与大骆妻，生嫡子成。申骆重婚，西戎皆服，所以为王。王其图之。’于是孝王曰：‘昔伯翳为舜主畜，畜多息，故有土，赐姓嬴。今其后世亦为朕息马，朕其分土为附庸。邑之秦，使复续嬴氏祀，号曰秦嬴。亦不废申侯之女子为骆适者，以和西戎。’”这段话的大意为：非子居住在犬丘，喜爱马和其他牲口，并善于饲养繁殖。犬丘的人把这事告诉了周孝王，孝王召见非子，让他在汧河、渭河之间管理马匹。马匹大量繁殖。孝王想让非子做大骆的嫡子。申侯的女儿是大骆的妻子，生了儿子成，成做了嫡子。申侯就对孝王说："从前我的祖先是郦山那儿的女儿，她做了西戎族仲衍的曾孙胥轩的妻子，生了中潏，因为与周相亲而归附周朝，守卫西部边境，西部边境因此和睦太平。现在我又把女儿嫁给大骆为妻，生下成作嫡子。申侯与大骆再次联姻，西戎族都归顺，这样，您才得以称王。希望您考虑一下吧。"于是孝王说："从前伯翳为舜帝掌管牲畜，牲畜繁殖很多，所以获得土地的封赐，受赐姓嬴。现在他的后代也给我驯养繁殖马匹，我也分给他土地做附属国吧。"于是孝王赐给非子秦地作为封邑，让他接管嬴氏的祭祀，号称秦嬴。但也不废除申侯女儿生的儿子做大骆的嫡子，以此来与西戎和好。

当时非子的封地并不多，方圆不足五十里。西周分封制为公、侯、伯、子、男五等。公爵、侯爵的封地纵横百里，伯爵纵横七十里，子爵和男爵纵横只有五十里，不足五十里就是附庸。但通过现在已发现的秦遗址来看，非子牧马之地已超出了分封制的约束，东向不超过汧水，西向已将势力扩张到犬戎腹地。其实，这也是正是西周王朝所希望的。

秦非子是靠着嬴人最擅长的养马技能获得了封邑。现在看来，那时候，秦非子他们这群偏处西垂的牧马人还不能预知，正是凭借这一身精湛的养马、驭马功夫，他们的后人才会在中央王朝崭露头角，逐渐走上政治舞台。也因为有一身祖传的养马骑射功夫，强大的秦军才会令中原人胆寒，横扫六国如卷席。

十、秦仲

秦仲，嬴姓，名不详，秦公伯之子，西周时期诸侯国秦国国君，公元前 844 年—公元前 822 年在位。秦仲在位时期，秦国开始逐渐强大起来。公元前 824 年，周宣王任命秦仲为大夫，令其率军进攻西戎。公元前 822 年，秦仲在与西戎交战中战败阵亡。秦仲死后，由其长子秦庄公即位。

秦仲三年（周厉王三十七年，前 842），由于周厉王姬胡残暴无道，实行暴政、苛政，致使百姓、诸侯起来反叛，袭击周厉王，周厉王于是逃到彘地（今山西霍县东北）。此时西戎（泛指西方部落）趁机入侵周王朝，进行抢夺掳掠，竟然进入犬丘（今甘肃省礼县境内），杀害秦仲高祖父大骆的族人。

秦仲十八年（周宣王元年，前 827），周厉王之子周宣王姬静正式即位。

秦仲二十一年（周宣王四年，前 824），周宣王任命秦仲为大夫，并派秦仲率军攻打西戎。

秦仲二十三年（周宣王六年，前 822），秦仲在和西戎交战中，战败阵亡。秦仲生有五个儿子，死后由其长子秦庄公继位。秦庄公即位后，击败西戎，得到犬丘之地，被封为西垂大夫。

十一、秦庄公

秦庄公（前 856—前 778），嬴姓，赵氏，《史记·十二诸侯年表》记载名其（祺），秦仲长子，公元前 821 年—公元前 778 年在位。周宣王七年（前 821），秦仲被西戎攻杀，秦庄公于是继任国君之位，成为秦国第五任国君。

《史记·秦本纪》载："秦侯立十年，卒。生公伯。公伯立三年，卒。生秦仲……周宣王即位，乃以秦仲为大夫，诛西戎。西戎杀秦仲。秦仲立二十三年，死于戎。有子五人，其长者曰庄公。周宣王召庄公昆弟五人，与兵七千人，使伐西戎，破之。于是复予秦仲后，及其先大骆地犬丘并有之，为西垂大夫。"

秦庄公居住在先祖故地西犬丘，生有三子，长子名世父，次子为秦襄公，三子名不详。世父说："西戎杀死我祖父秦仲，我不杀死戎王，就不进城安居。"于是率军攻打西戎，将太子之位让给弟弟秦襄公。

秦庄公四十四年（前 778），秦庄公去世，秦襄公继任国君之位。

秦仲死后，周宣王决定与西戎决战，他将秦仲的五个儿子召集起来，进行伐戎动员。而且此次不再只是精神上的激励，而是以军力援助为前提，派给兵力七千人，加上秦人自己的兵力，可逾万人。这在当时可不是个小数目。

图 5-1　不其簋

图 5-2　不其簋盖

经考古学家考证，1980 年在山东滕县（今滕州）西周残墓出土的“不其簋”簋身与国家历史博物馆（今国家博物馆）所藏的“不其簋”簋盖，是原配一套完整的青铜器。两者铭文内容相同，前者 151 字，后者多出一“搏”字。

不其簋，整器通高 26 厘米，腹深 13 厘米，壁厚 1 厘米，口径 23.2 厘米，重 8.7 千克。器身椭圆，子母口带盖，盖呈腹盘状，盖顶有圈足形提手，腹部铸有对称兽首附耳，有珥。圈足外铸三个伏兽形足。盖及器身饰瓦纹和窃曲纹，顶饰蟠龙纹，圈足间饰重环纹。据史学家考证，此簋是周宣王时与秦庄公“其”有关的器物。此簋簋盖上有铭文 152 字，铭文释文如下：

> 唯九月初吉戊申，伯氏曰：“不其，朔方严狁广伐西俞，王命，我羞追于西，余来归献禽。余命汝御追于畧，汝以我车宕伐严狁于高陶。汝多扼首执讯。戎大同从追汝，汝及戎大敦薄。汝休，弗以我车陷于艰，汝多擒，折首执讯。”伯氏曰：“不其，汝小子，汝肇敏于戎工。锡汝弓一，矢束，臣五家，田十田，用从乃事。”不其拜稽手，休，用作朕皇祖公伯、孟姬尊簋。用丐多福，眉寿无疆，永纯灵终，子子孙孙，其永宝用享。

根据李学勤考证，传世器《不其簋》的铭文，讲的就是秦庄公的一次伐戎之役。李学勤指出，据《史记·十二诸侯年表》记载，秦庄公名其，先秦行文“不”字常用作无义助词，仅表语气，故“不其”即其，也就是秦庄公。秦庄公之称“公”是后来的追称。《不其簋》是秦庄公自作器，故直用己名。《不其簋》的铭文讲述的战役即西周宣王十二年（前816）西北强族猃狁进犯周人西部边境，王命虢季子白率其御敌于高陵（今陕西洛水一带），三战全胜，其因功受赏的史实。猃狁是我国古代西北的少数民族，周称“猃狁”，秦汉曰匈奴。关于周王室与猃狁的战争，史书和其他的青铜铭文中多有记载。我国的第一部诗歌总集《诗经》中的《采薇》《出车》《无衣》就记载了同猃狁的战争。

小雅·采薇

全诗六章，每章八句。是一首戍卒返乡诗。诗歌表现了将征之人的思家忍苦之情，并将这种感情于对景物的描写及对军旅生活的述说中表现。

采薇采薇，薇亦作止。曰归曰归，岁亦莫止。
靡室靡家，猃狁之故。不遑启居，猃狁之故。
采薇采薇，薇亦柔止。曰归曰归，心亦忧止。
忧心烈烈，载饥载渴。我戍未定，靡使归聘。
采薇采薇，薇亦刚止。曰归曰归，岁亦阳止。
王事靡盬，不遑启处。忧心孔疚，我行不来！
彼尔维何？维常之华。彼路斯何？君子之车。
戎车既驾，四牡业业。岂敢定居？一月三捷。
驾彼四牡，四牡骙骙。君子所依，小人所腓。
四牡翼翼，象弭鱼服。岂不日戒？猃狁孔棘！
昔我往矣，杨柳依依。今我来思，雨雪霏霏。
行道迟迟，载渴载饥。我心伤悲，莫知我哀！

注释：

（1）薇：一种野菜。

（2）亦：语气助词，没有实义。作：初生。止：语气助词，没有实义。

（3）莫：同“暮”，晚。

（4）猃狁（xiǎn yǔn）：我国古代北方少数民族。

（5）遑：空闲。启：坐下。居：住下。

（6）柔：软嫩。

（7）聘：问候。

（8）刚：坚硬。这里指野菜已长大变老。
（9）阳：农历四月至十月被称为阳月。
（10）盬（gǔ）：止息。
（11）疚：病痛。
（12）尔：花开茂盛的样子。
（13）路：辂，大车。
（14）业业：强壮的样子。
（15）捷：交战，作战。
（16）骙骙（kuí）；马强壮的样子。
（17）腓（féi）：隐蔽，掩护。
（18）翼翼：排列整齐的样子。
（19）弭（mǐ）：弓两头的弯曲处。鱼服：鱼皮制的箭袋。
（20）棘：同“亟”危急。
（21）依依：柳条随风飘拂的样子。
（22）霏霏：雪多盛的样子。

诗歌大意：

采薇菜啊采薇菜，薇菜刚才长出来。说回家啊说回家，一年又快过去了。

没有妻室没有家，都是因为猃狁故。没有空闲安定下，都是因为猃狁之故。

采薇菜啊采薇菜，薇菜初生正柔嫩。说回家啊说回家，心里忧愁又烦闷。

心中忧愁像火烧，饥渴交加真难熬。我的驻防无定处，没法托人捎家书。

采薇菜啊采薇菜，薇菜已经长老了。说回家啊说回家，十月已是小阳春。

战事频仍没止息，没有空闲歇下来。心中忧愁积成病，回家只怕难上难。

光彩艳丽什么花？棠棣开花真烂漫。又高又大什么车？将帅乘坐的战车。

兵车早已驾好了，四匹雄马真强壮。哪敢安然定居下，一月之内仗不停。

驾驭拉车四雄马，四匹雄马高又大。乘坐这车是将帅，兵士用它作屏障。

四匹雄马排整齐，鱼皮箭袋象牙弭。怎不天天严防范，猃狁猖狂情势急。

当初离家出征时，杨柳低垂枝依依。如今战罢回家来，雨雪纷纷漫天下。

行路艰难走得慢，饥渴交加真难熬。我的心中多伤悲，没人知道我悲哀。

小雅·出车

我出我车，于彼牧矣。自天子所，谓我来矣。
召彼仆夫，谓之载矣。王事多难，维其棘矣。
我出我车，于彼郊矣。设此旐矣，建彼旄矣。
彼旟旐斯，胡不旆旆？忧心悄悄，仆夫况瘁。
王命南仲，往城于方。出车彭彭，旂旐央央。
天子命我，城彼朔方。赫赫南仲，猃狁于襄。
昔我往矣，黍稷方华。今我来思，雨雪载涂。
王事多难，不遑启居。岂不怀归？畏此简书。
喓喓草虫，趯趯阜螽。未见君子，忧心忡忡。
既见君子，我心则降。赫赫南仲，薄伐西戎。
春日迟迟，卉木萋萋。仓庚喈喈，采蘩祁祁。
执讯获丑，薄言还归。赫赫南仲，猃狁于夷。

注释：

（1）牧：城郊以外的地方。

（2）棘：急。

（3）旐（zhào）：画有龟蛇图案的旗。

（4）建：竖立。旄（máo）：装饰牦牛尾的旗子。

（5）旟（yǔ）：画有鹰隼图案的旗帜。

（6）旆（pèi）旆：旗帜飘扬的样子。

（7）悄悄：心情沉重的样子。

（8）况瘁：辛苦憔悴。
（9）彭彭：马强壮的样子。
（10）旂（qí）：绘着蛟龙图案的旗帜。央央：鲜明的样子。
（11）赫赫：威仪显赫的样子。
（12）襄：即“攘”，平息。扫除。
（13）方：正值。华：茂盛，指黍稷抽穗。
（14）思：语助词。
（15）雨雪：下雪。涂：即“途”。
（16）遑：空闲。启居：安坐休息。
（17）简书：盟书。
（18）喓（yāo）喓：昆虫的叫声。
（19）趯（tì）趯：蹦蹦跳跳的样子。阜螽（zhōng）：蚱蜢。
（20）君子：指出征之人。
（21）我：作者设想的在家之人。降：安宁。
（22）薄：语首助词，含有勉励的意思。西戎：古代北方少数民族。
（23）萋萋：草木茂盛的样子。
（24）喈（jiē）喈：鸟叫声。
（25）蘩：白蒿。祁祁：众多的样子。
（26）执讯：捉住间谍。获丑：俘虏。
（27）猃狁（xiǎnyǔn）：我国古代北方的少数民族。夷：扫平。

诗歌大意：

兵车派遣完毕，待命在那牧地。
出自天子所居，让我来到此地。
召集驾车武士，为我驾车前驱。
国家多事多难，战事十万火急。
兵车派遣完毕，集合誓师外郊。
插下龟蛇大旗，树立干旄大纛。
鹰旗龟旗交错，何不招展挥摇？
心忧能否歼敌，士兵行军辛劳。
周王传令南仲，前往朔方筑城。
兵车战马众多，旗帜鲜明缤纷。

周王传令给我，前往朔方筑城。
威仪不凡南仲，扫荡猃狁获胜。
先前我去之时，麦苗青青夏初。
今日凯旋归来，大雪落满路途。
国家多灾多难，闲居哪有功夫。
难道我不想家？恐有紧急军书。
草虫咕咕鸣叫，蚱蜢蹦蹦跳跳。
没见想念的人，内心忧思萦绕。
见到想念的人，心中郁闷全消。
威风凛凛南仲，将那西戎打跑。
春日缓行天宇，花木丰茂葱郁。
黄鹂唧唧歌唱，女子采蘩群聚。
押着俘虏审讯，高高兴兴回去。
威风凛凛南仲，猃狁全被驱除。

秦风·无衣

《秦风·无衣》描写的正是攻伐西戎时的情景，反映了早期秦人浴血奋战的场景，是秦国军民抗击西戎入侵的气势雄壮、激昂豪迈的出征歌，被后世奉为边塞诗的鼻祖。陈继揆《读诗臆补》赞叹：该诗“开口便有吞吐六国之气，其笔锋凌厉，亦正如岳将军直捣黄龙”。吴闿生《诗义会通》认为：该诗“英壮迈往，非唐人出塞诸诗所及”。这首几千年前的战斗诗篇，充满了慷慨激昂、同仇敌忾的气势，读来使人受到极其强烈的感染，荡气回肠、激动万千。

全诗共三章，章下章句对应。诗句大同小异，在重章复唱中诗意递进。一边歌唱，一边行军，一往无前。这首诗一共三段，用赋的表现手法（即复沓的形式），表现了秦军战士出征前的高昂士气：他们互相召唤、互相鼓励、舍生忘死、同仇敌忾。

岂曰无衣？与子同袍。王于兴师，修我戈矛，与子同仇。
岂曰无衣？与子同泽。王于兴师，修我矛戟，与子偕作。
岂曰无衣？与子同裳。王于兴师，修我甲兵，与子偕行。

注释：

（1）袍：长衣，如今之斗篷。

（2）王：指周王，秦国出兵以周天子之命为号召。一说指秦君。

（3）同仇：共同对敌。

（4）泽：通“襗”，内衣，如今之汗衫。

（5）作：起。

（6）裳：下衣，此指战裙。

（7）甲兵：铠甲与兵器。

（8）行：往。

诗歌大意：

怎能说没有衣裳？我愿和你披同样的战袍。国君要出兵作战，且修整我们的戈与矛。我们面对的是共同的敌人！

怎能说没有衣裳？我愿和你穿同样的汗衣。国君让我们出兵作战，且修整我们的矛与戟。我愿与你一同战斗！

怎能说没有衣裳？我愿和你穿同样的战袍。国君让我们出兵作战，且修整我们的盔甲兵器。我愿与你一同前进！

十二、秦襄公

秦襄公（？—前 766），嬴姓，赵氏，名开，犬丘（今陇南市礼县境内）人，秦庄公次子，是秦国被正式封为诸侯的第一代君主，在位 12 年。

公元前 778 年，秦庄公为犬戎所杀，他的长子世父率军与犬戎作战，而把国君位置让给秦襄公。当时，戎狄之势仍非常强大，直接威胁秦国的基业之本。另一方面，秦国仅为“大夫”之职，只有卖命效力的义务，并未得到周王室的信任。秦襄公深知秦人是在夹缝中求生存，稍有不慎将会导致灭种之祸。他审时度势，于秦襄公元年（公元前 777），将其妹缪嬴嫁于西戎丰王为妻，秦襄公的决策显示出他的敏锐判断力和战略眼光。

秦襄公二年（前 776），秦襄公将都城迁到汧邑（今陕西省陇县东南）。同年，戎兵大举围攻犬丘，世父率军顽强抵抗，不幸城破被俘。由于秦襄公和亲西戎，而且据有汧邑战略要地，戎人没有诛杀世父，一年后便放其归秦，双方一度和好相处。秦襄公嫁妹、迁都这两项重大决策使秦人一方面加强了与周王室的关系，得到了较可靠的声援；另一方面东进占据汧邑膏沃之地，可以大力发展生产，加强武备，自此进入一个快速发展阶段。

秦国在向上发展，西周王朝已日暮途穷。荒淫无道的周幽王因宠幸褒姒的缘故，废黜王后申后和太子姬宜臼，改立褒姒为王后，褒姒之子姬伯服为太子。秦襄公七年（前 771），申国国君申侯因周幽王废黜自己的女儿申后、外孙姬宜臼而恼怒，于是联合缯国、犬戎进攻周朝都城镐京，在骊山下杀死周幽王，西周灭亡。当时，秦襄公曾率兵援救周朝，作战得力，立有大功。

周幽王死后，诸侯共立太子姬宜臼为王，是为周平王。当时丰镐周围主要有四种力量：一是周幽王和姬伯服的势力，他们死后由王子余臣（周携王）继承；二是周平王的势力；三是戎族的势力；四是秦的势力。在周幽王被杀之后，秦襄公面临的抉择是或者追随周携王，或者拥戴周平王。秦襄公并不拘于秦国与周幽王、姬伯服的旧有关系，而且周幽王死后，他更没有必要与王室的正统代表周平王相敌对。于是在周朝为逃避犬戎祸难，都城东迁洛邑时，秦襄公派兵护送周平王。周平王封秦襄公为诸侯，赐给他岐山以西的土地。并说："犬戎凶恶无道，掠夺我们岐、丰的土地，只要秦国能攻打并赶走西戎，就可以占有那些土地。"周平王与秦襄公盟誓，封给他爵位。秦国从这时才开始成为诸侯国，享有与齐、晋、郑等国一样的地位，得以与山东各诸侯国互通使节，彼此访问。这是巨大的飞跃。秦襄公非常高兴，立即用骝驹、黄牛、羝羊各三头的太牢大礼，在西畤祭祀，以庆贺秦国的正式立国。

尽管秦人获得在关中地区自由发展的机会，但是在建国之初，秦襄公还面临着能否生存下去的严峻考验。周平王赐给秦的土地，实际上布满戎、狄部落，秦国要存在下去，就必须与戎、狄作长期的斗争，不断壮大自己，拓展疆土。最初几年的斗争，均以秦国的失败而告终。秦襄公眼看着封赐给自己的土地却得不到手，很不甘心，于是连年向戎、狄发动进攻。秦襄公有一次率兵终于攻到属于自己的封地岐山，但未能立足，只好退回"西垂"故地。

秦襄公十二年（前 766），秦襄公讨伐西戎，打到岐山时突然去世，葬于故地西垂（甘肃省礼县大堡子山），其子秦文公继位。

十三、秦文公

秦文公，嬴姓，赵氏，名不详，是秦襄公之子。秦襄公十二年（前766），秦襄公在讨伐西戎的途中去世，于是秦文公继任秦国国君之位。

秦文公元年（前765），秦文公居住在西垂宫。

秦文公三年（前763），秦文公带领七百名士兵到东边打猎。

秦文公四年（前762），秦文公到达汧水、渭水的会合地。秦文公说："从前，周王室把这里的土地赐给我的祖先秦嬴（即秦非子）作为封邑，后来我们最终成为诸侯。"于是命人占卜这里是否适宜居住，占卜的结果说吉利，秦文公便下令在这里营建城邑。

秦文公十三年（前753），秦文公设立记载大事的史官，百姓大多受到教化。

秦文公十六年（前750），秦文公派兵攻打西戎，西戎兵败逃走。于是，秦文公收集周朝的遗民归自己所有，地盘扩展到岐山（今陕西省宝鸡市东），把岐山以东的土地献给周天子。

秦文公二十年（前746），秦文公设立诛灭三族的刑法。

秦文公四十八年（前718），秦文公的太子去世，赐谥号为竫公（一作静公，史称秦竫公或秦静公）。秦文公于是改立孙子（秦静公的儿子）为继承人。

秦文公五十年（前716），秦文公去世，安葬于西山（在今陕西省宝鸡市）。秦文公死后，他的孙子继位，是为秦宪公（一作秦宁公）。

秦文公在位时期，下令营建城邑；设立记事史官，使百姓受到教化；击败西戎，收编周朝遗民归已所有，将秦国国土延伸到岐山（今陕西省宝鸡市东）以西；设立诛灭三族的刑法。

历史上有雄才大略的国君，可谓武力和政治两手都要抓，两手都要硬，而秦文公恰恰就是这么一个国君。

利用西虢百姓希望依附强有力诸侯的心理，秦文公笼络了大量的西周遗民。为了名正言顺，秦文公立下了"军民共存亡，一起讨犬戎!"的口号。在这个口号的感染下，被犬戎欺凌了几百年的西虢百姓仿佛见到了希望。这些百姓一直都盼望有一个强力诸侯出现来保护自己，秦人正是在这一时期出现在他们的视线中的。公元前 750 年，秦文公即位十多年后，秦国的势力范围已经扩张到了岐山。

按照周平王的分封，秦国可以占有岐山以西的土地，那么岐山以东，秦国在法理上就不能去占领了。因此，秦文公向天下宣告：我们已经拥有了西周所封的土地，至于岐山以东，我们献给周天子。但是因为东周王朝不可能派兵来接手岐山以东的土地，故而，这些岐山以东的土地，尽管名义上是东周王朝的，实质上却是秦国的国土。

这恰恰体现了秦文公的政治智慧。尽管东周时期，各个诸侯国之间互相攻伐，周王室日薄西山，但是打着周王室的旗号来实际占领这片土地，也就省去了被周边诸侯国觊觎的麻烦。

总而言之，从晋升伯爵到辟土千里，成为一方诸侯大国，秦国用了二十多年的时间。相对于几百年的春秋战国历史，秦文公用这二十年帮助秦国成为西部的霸主，实在是值得称道的。

第六章　礼县——秦人发祥地

有人因非子“主马于汧渭”而将陕西汧渭地区称秦人发祥地，有人因“西迁商盖之民于邾虘……是秦之先”将甘谷称为秦人发祥地，也有人因“秦亭”而将清水或张家川称为秦人发祥地。真正的秦人发祥地应该是何地？

发祥地，辞典解释为：兴起、发源的地方。一指帝王生长、创业的地方；二指民族、历史、文化、革命运动、某种政治思潮等起源的地方。近义词为发源地。仔细分析，帝王“发祥地”应具备以下特征：

1. 帝王祖先必在这区域频繁活动，并发生有重大事件，对当时及后世产生重大影响；

2. 帝王居所、陵墓等均在这一区域；

3. 有明确的史籍记载和实物佐证。

按照上述特征，陕西汧渭地区，甘肃甘谷、清水、张家川等地均不具备“发祥地”条件。甘肃礼县西汉水上游称秦人发祥地更具合理性。因为：第一，礼县是秦祖的生长地和创业地；第二，礼县是秦祖诸公墓地；第三，礼县是秦开国之地；第四，史籍记载与实物佐证的“西垂”“西犬丘”“西垂宫”均在礼县。

礼县自中潏“在西戎，保西垂”至文公东迁前约 300 余年，从一个与戎杂居的荒凉边地发展成为周西域重要的军事防线，成为嬴秦的驻防之地以及封地，历经沧桑。

盐官黑土崖遗址说明，早在 7350 年至 7800 年前，人类就在西汉水上游聚居，繁衍生息。《尚书 · 禹贡》载：“嶓冢导漾，东流为汉”，嶓冢即今天水南齐寿山（西汉水源头）。漾，即漾水，今礼县西汉水上游。早在尧舜时期，西汉水治理便成为国家工程。这些都说明这里人口众多、农耕发达，水患频发，人民群众生命财产经常受到漾水泛滥的威胁。

礼县最初作为周戍边的军事重镇，后来成为秦立国之地，从区域军事中心到政治、文化、经济中心，可推知礼县当时之繁荣程度。从出土的金、玉、铜、铁等器物的形制等情况推知，当时的礼县西汉水上游地区人口众多，农牧业发达，商贸活跃，冶炼、铸造、烧制、编艺等手工业初具规模。

礼县历史悠久，文化积淀厚重。境内先后发现仰韶文化、马家窑文化、齐家文化、刘家文化、寺洼文化、周秦文化遗址。在县域内同时存在多种文化序列的现象实属罕见，说明这里历史纵深与民族融合之程度全国少有。

20 世纪 40 年代，裴文中先生到这里考古调查，发现了石桥乡石沟坪遗址。1958 年甘肃省博物馆对西汉水流域进行了考古调查，发现了仰韶文化遗址 17 处、齐家文化遗址 12 处、周代遗址 14 处。2004 年 3 月，由甘肃省文物考古研究所、陕西省考古研究所、中国国家博物馆、北京大学考古文博学院、西北大学考古系 5 家单位组成了联合考古队，在西汉水上游调查了 98 处秦以前各个时期的古代遗址，其中有 74 处属于新发现，基本弄清楚了调查遗址的文化内涵。经联合考古队的系统调查认为：在渭河流域见到的史前文化及其类型，包括从大地湾一期、仰韶早期、庙底沟、仰韶晚期到相当于中原龙山文化阶段的常山下层文化、齐家文化和寺洼文化等，在这里都有分布，而且古文化发展序列完整。

调查过的 98 处（其中 13 处在天水、西和境内）遗址中，2002 年在盐官黑土崖遗址中采集到的大地湾一期文化和半坡类型的陶片以及 2005 年在城关镇西山遗址发掘出土的半坡类型的细蒜头瓶残片，对弥补大地湾一期文化（距今 7350—7800 年）与大地湾仰韶早期文化遗存（距今 6000 年前后）的年代缺陷有很大意义。仰韶三个时期的文化类型几乎遍布整个西汉水上游。其在盐官镇黑土崖遗址中发现了早、中、晚期非常完整的仰韶文化。仰韶早期的类型，属于半坡和庙底沟之间的过渡类型，在礼县城关镇雷神庙、石桥乡高寺头等 8 处遗址中都发现了这一阶段的标本，主要器形有夹砂弦纹罐、叠唇盆、直口钵等。石桥镇高寺头新石器时代遗址中出土了属仰韶文化庙底沟类型的“红陶人头像”少女头像（如图 6-1）。此头像高 12.5 厘米，中空，额前至脑后塑有半圈凸起的带状泥条，眉微隆起，眼嘴镂空成横条状，鼻呈三角形，下颚短小，两耳耳垂各有一穿孔，颈部粗壮，以极为洗练传神的表现手法，生动地塑造了母系氏族社会一位可爱的少女，堪称为人类原始文化遗产的经典之作，被选入全国中学生美术教材，为国家一级文物，现藏于甘肃省博物馆。仰韶中期遗存在礼县城关镇庄窠地、石桥镇石沟坪、红河镇石家窑等 21 处遗址均有发现，分布范围较仰韶早期有所扩大。遗存以泥质红陶、灰陶和夹砂红陶为主，还有一定比例的橙黄色陶。器形有重唇口尖底瓶、铁轨状口沿深腹罐、卷沿圆唇浅腹盆、敛口钵、陶挫等。纹饰多弧线三角、回旋勾连纹及圆点纹，线条轻巧流畅。仰韶晚期文化遗存分布范围空前扩大，遗址数量众多，几乎遍布整个西汉水流域，有天水乡盘头山、礼县城关镇西山、西和西峪乡西峪坪等共计 57 处，占遗址总数的 58%。以泥质橙黄色陶为主，夹砂红陶或红褐陶占很大比例，还有一定数量的泥质灰陶、彩陶。主要器形有平唇口或喇叭形口的尖底瓶、大口深腹夹砂罐、陶杯等。纹饰以粗绳纹为大宗，有的附加堆纹，有些陶器上有白色陶衣。彩陶以黑彩为主，还有少量白彩，是在绳纹之上直接描画而成。彩绘图案有并行线纹、波曲纹、圆点纹、圆圈网格纹、垂幛纹、鸟兽纹等。

龙山早期文化遗存的常山下层文化因素和案板三期文化因素在这里也有发现。发现常山下层文化的遗址有礼县盐官镇新山、城关镇雷神庙、石桥镇石沟坪等 18 处。采集到的陶系标本为泥质橙红色、砖红色或橙黄色，还有一些泥质灰陶。可见器形有侈宽颈垂腹的单耳或双耳罐、广口肩瓮等泥质陶，其火候高，陶质硬。从遗址分布看，18 处遗址中盐官镇 5 处、红河流域 6 处，两处约占 61%。由此可见该遗址主要分布于川坝和河谷地区，此种分布与充足的水源和宽阔的地域有关。案板三期文化遗存，在这里仅发现有西和县长道镇左家磨东、城关镇赤土山、石桥镇李家房背后、石坝 1 号、石坝 2 号、瑶沟遗址 6 处。陶器以夹砂灰陶为大宗，并有泥质灰陶和夹砂灰褐陶。可见器形有夹砂筒形罐、单耳罐及泥质双耳罐、双耳壶。纹饰以绳纹和附加堆纹为多。

包含齐家文化的遗址，有天水镇大坟、礼县盐官镇王磨、城关镇鸾亭山、石桥镇二土等 36 处。采集到的标本有泥质砖红色陶、夹砂红褐或灰褐色陶及少量夹砂灰陶。纹饰以绳纹、篮纹为主，附加楔形戳印纹。可辨器形有高领折肩罐、高领双耳罐等。

包含寺洼文化的遗址，有永兴镇山脚、石桥镇高寺头、二土等 25 处。采集到的标本丰富，陶色驳杂不一，有红褐色、黄褐色、灰褐色、黑灰色等，但火候低、陶质软，比较粗糙。有马鞍口形的双耳深腹盆、敞口鼓腹小平底罐、鬲等。

商周时期的考古学文化类型刘家文化、寺洼文化、周秦文化，在这里分布广泛并占有相当的比重。

以上这些遗址所蕴藏的文化内涵并不是孤立地存在的，而是各个时期、各种类型的文化内涵有序地叠压或交错发展。有的遗址还有周秦文化压在寺洼文化之上的特殊现象，如城关镇新田遗址。从“少女头像”到 1972 年礼县永兴镇爷池村出土的春秋时期的灰陶质人形陶瓶，充分说明从那时起陶器就已经不仅仅是简单的生活用具，而是一种将适用性和艺术性紧密结合以满足精神享受的物品。也说明了在相当一段时期内，聚居在这里的人们非常勤劳、很有智慧，人群高度集中，社会生活繁盛，与外界的交流极为广泛。他们对文化的发展和传承起到了不可磨灭的作用。

西汉水上游地区，古遗址数量众多、分布广泛、内涵丰富，古代文化序列完整，干流、支流交叉，台地、山地错落，是研究聚落考古的理想之地。从这个角度出发，专家们发现，在所调查的遗址中，仰韶时期第一级别的遗址王坪、黑土崖、高寺头、石沟坪、蹇家坪、唐河口、西峪坪，遗址堆积丰富，仰韶时期各个阶段的遗存都有发现，说明这些遗址在当时扮演了中心聚落的角色。然而到了龙山时期，遗址数量锐减，遗址规模变小，文化发达程度远远落后于仰韶时期，甚至有些遗址有被废弃或遗弃的迹象，这说明有可能因为自然环境的改变、气候环境的变迁、社会环境的变革、人们生活水平的提高或其他原因，人类活动的中心聚落发生了转移。这可能是社会发展进步的标志，也可能是人们意识转变、追求上进的象征，又可能是历史发展的必然规律……

图 6-1　高寺头仰韶文化——红陶人头像

图 6-2　高寺头仰韶文化——彩陶壶

如烟的历史，给这块古老而神奇的土地平添了几分神秘，先民们创造的文明大多被历史封入厚土，但遗留的碎片，却无言地诉说着昔日的辉煌。现在，随着考古工作者们重拾起这些碎片，审视历史的沧桑和凝重时，遗留的无数个谜团将一一被解开，并重放异彩。

图 6-3　白蛇坡遗址出土彩陶壶图案

图 6-4　石沟坪遗址出土变体鲵鱼纹彩陶瓶

第七章　礼县著名的秦早期遗址

礼县西汉水上游发现大量的秦早期文化遗址，最著名的有大堡子山遗址、圆顶山遗址、西山遗址、“秦公簋”遗址等。

一、大堡子山——秦第一陵园

大堡子山遗址位于礼县县城以东 13 千米处的西汉水北岸。1992—1993 年大堡子山秦公大墓遭到大规模盗掘，大批珍贵文物流失海外。1994 年 3 月至 11 月，甘肃省考古研究所对大堡子山被盗大墓进行了抢救性钻探和清理，探明中字形大墓 2 座（M2、M3），瓦刀形车马坑 2 座（K1、K2），基本搞清了该墓地的排列以及中小型墓葬的分布情况，并对其中的 2 座中字形大墓（M2、M3）、1 座瓦刀形车马坑（K1）、9 座中小型墓葬进行了发掘清理。

1 号坑（K1）为大型车马坑，平面呈瓦刀形，东西向，全长 36.5 米。坑道位于车马坑东部，自东向西倾斜。坑内已遭盗扰，从残存的遗迹看，坑内原有殉车 4 排，每排并列 3 乘，共计 12 乘。均为辕东舆西，每车两服两骖，计 4 匹马。据参加发掘的民工讲，此坑被盗时曾出土了许多金饰片。发掘仅获得一些铜车饰及锈蚀严重的铁制品。

2 号墓（M2）为中字形大墓，东西向，全长 88 米。有东西两条墓道，东墓道呈斜坡状，西墓道总体亦呈斜坡状，但有 8 个沟槽状的台阶。墓室呈斗状，墓室内设二层台，其中东、北、南三面二层台上殉葬 7 人，均为直肢葬，都有葬具，多随身葬有小件玉饰。墓主尸骸已朽，据朽痕可知，其葬式为仰身直肢，头向西。该墓当时已被盗掘一空，仅在盗洞中发现石磬 5 件。

3 号墓（M3）也是中字形大墓，东西向，全长 115 米。墓道结构与 2 号墓（M2）相同。此墓亦被盗掘，墓室部位曾发生过坍塌，所以墓中只发现有较小的青铜碎片。2 号墓（M2）、3 号墓（M3）统一在墓室开口以上覆盖五花土，初步推断为异穴共丘的封土。

9 座中小型墓均为竖穴土坑墓，东西向。墓主均使用棺椁，葬式为头朝西的直肢葬。随葬品有铜器、陶器、玉器、石器等。以上墓葬和车马坑的发掘，对确定秦人早期活动中心提供了重要线索。

为进一步探索早期秦文化的面貌，寻找早期秦人都邑“西犬丘”以及其他先公、先祖陵墓的所在，2004 年始，甘肃省文物考古研究所与北京大学考古文博学院、国家博物馆考古部、陕西省考古研究所、西北大学考古文博学院等单位组成联合课题组，启动早期秦文化考古调查、发掘与研究项目，并先后开展了一系列的考古工作，取得重要的学术成果。2006 年该联合课题组重点对大堡子山遗址进行了调查、钻探和发掘。调查、钻探面积为 130 万平方米，发现各类遗迹近 700 处，包括夯土城墙、建筑基址、墓葬、车马坑、灰坑等；发掘面积达 3 000 多平方米，主要发掘了 1 处大型建筑基址（21 号建筑基址）、9 座中小型墓葬，以及 1 座大型乐器坑和 4 座人祭坑。

大堡子山城墙依山坡而建，平面呈不规则的长方形，东、西城墙断续长约 1 000 米，南北城墙长约 250 米，保存较好的一段城墙位于东北角，约长 5 米，高 3—4 米，夯层厚 8—10 厘米。城墙内遗址总面积约 25 万平方米，已钻探出夯土建筑基址 26 处和堆积较丰富的文化层及少量小型墓葬等。被盗的秦公大墓、车马坑和新发现的乐器坑也位于城内。东北城墙外为中小型墓地，分布密集，现已钻探出 400 余座。

21 号建筑基址位于城址内南端较高处，夯土基址呈南北向纵长分布。该建筑四周为夯土墙，西墙在地面以上还有部分保存，其他三面只剩夯土墙基。整个建筑基址南北全长 107 米、东西宽 16.4 米，东、西墙之间正中发现平行排列的 18 个大型柱础石。该建筑基址的基本结构大体清楚，似为大型府库类建筑，大约始建于春秋早期晚段或春秋中期早段，战国时期被废弃。

发掘的 9 座中、小型墓葬中有 3 座未被盗扰，最大的一座出土铜器 9 件（包括鼎 3 件、甗 1 件、盂 1 件、短剑 1 件），另有石圭 130 余件、陶器 6 件等，年代为春秋中期偏晚。

大型乐器坑位于被盗的秦公大墓西南部，长 8.8 米，宽 2.1 米。坑内南排的木质钟架朽痕旁,依次成排放置有 3 件青铜镈、3 件铜虎(附于镈)、8 件甬钟，镈和钟各附带 1 件青铜挂钩；北排磬架朽痕下有 2 组共 10 件石磬，均保存完好。其中，最大的一件铜镈造型及纹饰华美，鼓部有铭文 26 字，与过去发现的秦武公镈相似，年代为春秋早期。此外，还发现 4 座人祭坑。乐器坑与人祭坑的性质相同，都属于祭祀遗迹。礼县大堡子山遗址大型乐器坑的发现，为被盗秦公大墓墓主身份的确认以及早期秦人的礼乐制度、祭祀制度、铜器铸造工艺等方面研究，提供了极为珍贵的材料。该遗址的调查、钻探和发掘所取得的成果，对认识大堡子山城址的性质具有重要意义，同时也为对此处国家重点文物保护单位的保护和利用提供了科学依据。

通过对出土文物和遗址分析研究，可以确认大堡子山秦公陵园为秦第一陵园——西垂陵园。大堡子山秦公陵园的发现，解开了“西垂陵园”和“秦人发祥地”这两大谜团，也证实了《史记》记载的准确无误，引起了史学界、考古界的巨大轰动。大堡子山遗址对研究秦早期的政治、经济、军事、文化、冶金、铸造、礼制、陵寝制度等方面有不可估量的历史价值和学术价值，填补了秦早期文化研究的空缺，使秦人由西垂到雍城再而咸阳的发祥、发展壮大直至统一全国的历史渊源流变，得到了系统而可靠的解释。

秦始皇是中国历史上完成统一，建立封建王朝的第一人。因此，秦族、秦文化的发展史也成为海内外众多学者研究的热点问题。秦人的发祥地、先秦都邑、秦先公墓地，两千多年来一直是一个历史谜团，始终无从得知。

秦的祖先最初居住在“西犬丘”，后因牧马有功被封地授侯，成为周的附庸，得以建立秦国。所以,“西犬丘”实际上是秦族、秦文化的发祥地和根基所在，查明“西犬丘”的地理位置对研究秦史意义极为重大。

发掘过程中考古专家发现，大堡子山的陵墓坐西向东，墓主头西脚东，与雍城陵园、芷阳陵园、始皇陵园完全一样，而长达 100 多米的中字形墓葬也显示出秦人好建巨陵大墓的特点。这些墓葬中还出土了大量的青铜器和金、玉器，有的青铜器上明确铸有“秦公作铸用鼎”“秦公作宝用簋”等铭文。从地理位置看，大堡子山“两河夹一山”的独特地势也完全符合先秦皇家陵园的“风水”取向。因此，一些历史学者和考古专家初步认定，大堡子山古墓就是被尘封两千多年的秦人第一陵园——西垂陵园。

1998 年，位于大堡子山秦公墓东南方约 3 千米处的圆顶山上又发现了秦贵族夫妇的合葬墓。专家认为，这座墓不但为大堡子山古墓是秦公墓提供了有力佐证，其类似的墓葬形制和地理特征也说明，礼县一带就是秦“西犬丘”所在地。

甘肃东南部的礼县跨长江、黄河两大流域，历史上一直是早期人类活动、发展的重要区域，其各个时期的文物、文化遗存十分丰厚。由于秦人四大陵园中的三大陵园都是在陕西发现的，此次秦人第一陵园在甘肃礼县被发现，引起了学术界众多专家学者的高度关注。

从 1994 年起，众多考古专家经过分析考证，纷纷得出大堡子山古墓就是秦公墓的结论。上海博物馆副馆长李朝远指出：“从秦公器的形制、铭文、饰文、铸造特点以及相关的史实看，上海博物馆新获的秦公诸器应为秦襄公、文公之器；礼县大堡子山的两座大墓的年代应为春秋初期，墓主分别为襄公、文公。”中国著名历史学家、夏商周断代工程专家组组长李学勤认为，礼县大堡子山发现的秦公壶器主“应该就是庄公”。中国古代金银器专家、陕西考古研究所所长韩伟在所著论文《论甘肃礼县出土的秦金箔饰片》中认为：“营造大墓者，非秦仲、庄公莫属。”主持大堡子山秦公墓发掘工作的甘肃省文物考古研究所研究员戴春阳认为大堡子山秦公墓的墓主可能就是秦襄公。

据甘肃省博物馆历史考古部主任祝中熹介绍，目前考古学和历史学专家已一致确认：大堡子山古墓就是秦公墓，其墓主可能是庄公、襄公或文公。秦第一陵园在礼县大堡子山，秦“西犬丘”在礼县，甘肃礼县是秦族、秦文化的真正发祥地。

专家们指出，秦第一陵园和“西犬丘”两大谜团的解开，填补了先秦文化研究的空白，为研究秦早期的政治、经济、军事、文化、冶金、铸造、陵寝制度等，了解秦人如何由偏居“西垂”的牧马一族到建立封国提供了丰富的研究资料，使秦人四大陵园区得以完整地展现在世人面前。秦人由“西垂”到雍城再而咸阳的发祥、发展壮大、统一全国的历史渊源流变得到了系统可靠的解释。

图 7-1　大堡子山

图 7-2　大堡子山遗址挖掘现场

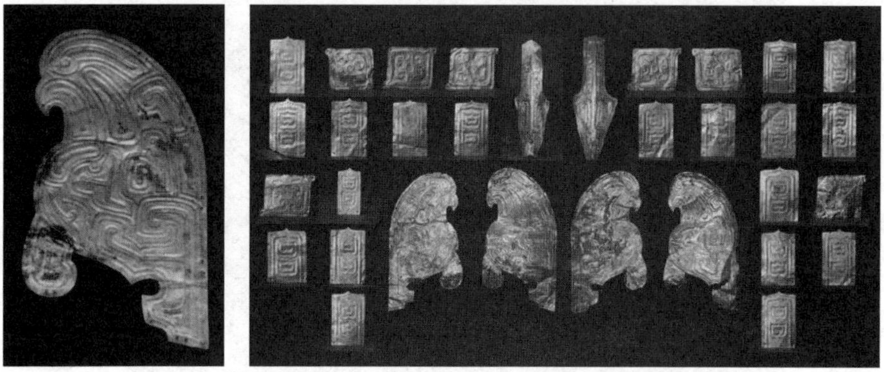

图 7-3　大堡子山秦公墓出土“金饰片”

图 7-4　大堡子山秦公墓出土“金虎”

图 7-5　大堡子山祭祀乐器坑、秦子镈及铭文

图 7-6　大堡子山秦公墓出土“铜回头虎”

图 7-7 大堡子山秦公墓出土“秦公鼎”（鼎身有“秦公作铸用鼎”铭文）

图 7-8 大堡子山秦公墓出土“交龙纹方壶”

图 7-9　大堡子山秦公墓出土“秦公簋”
（盖有“秦公乍宝簋”铭文）

大堡子山流失海外的部分有“秦公”铭文的文物

图 7-10　秦公鼎 1 及铭文“秦公乍铸用鼎”

图 7-11　秦公鼎 2 及铭文“秦公乍铸用鼎”

图 7-12　秦公鼎 3 及铭文“秦公乍宝用鼎”

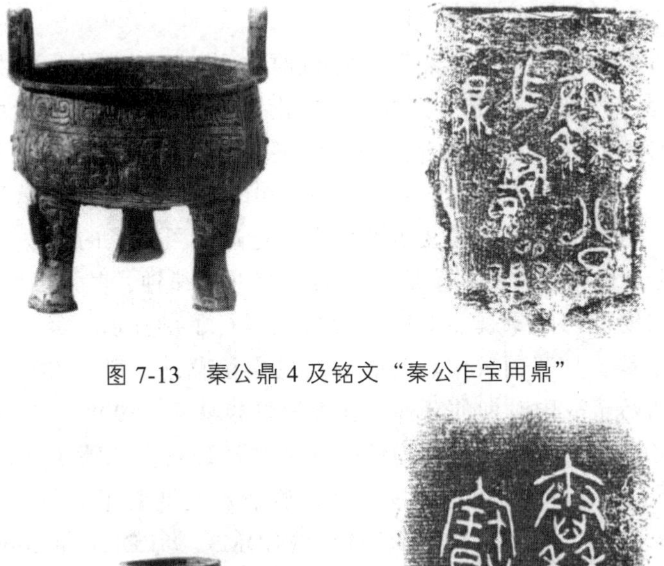

图 7-13　秦公鼎 4 及铭文“秦公乍宝用鼎”

图 7-14　秦公簋 1 及铭文“秦公乍宝簋”

图 7-15　秦公簋 2 及铭文“秦公乍宝簋”

二、圆顶山遗址

圆顶山墓地位于礼县永兴镇赵坪村西北侧的西汉水南岸，与大堡子山隔河相望，距离约 3 千米。西和河由南而北，经永兴镇开始南折，从圆顶山山脚流过与西汉水汇合。圆顶山墓葬处于山体北坡二级台地上，较之大堡子山南坡，其地势平缓而广阔。20 世纪 90 年代，该墓地的许多古墓被盗，出土的很多珍贵文物被贩卖，造成不可估量的损失。1996 年 1 月，礼县公安局追缴回该墓地出土的一套九枚编钟，其形制规格较高，遂引起了文物部门的重视。对圆顶山墓地进行了勘探后，经初步判断，圆顶山北坡是一片范围较广、跨时较长的秦国墓地，既有春秋早期也有春秋中晚期乃至战国时期的墓葬，且皆为贵族墓葬。1998 年 2—6 月，甘肃省文物考古研究所和礼县博物馆在该地共清理发掘墓葬 3 座，车马坑 1 座；2000 年，礼县博物馆在原发掘地北侧清理发掘墓葬 1 座。墓葬坐西朝东，编号依次为 98LDM1、98LDM2、98LDM3、98LDK1 和 2000LDM4。出土文物中以青铜器最为丰富，共 80 余件，器形有鼎、簋、方壶、圆壶、扁圆盉、椭杯、匜、盘、方盒、盆、戈、剑（仅存柄部）、削、车形器、铃、棺饰等，见图 7-16 至图 7-23。另有精美的玉器、石器、骨器、铁器、陶器、贝类等百余件。

圆顶山墓地出土的青铜器物上，许多饰有成组的浮雕兽形饰，大多对称分布，为其他地区所少见。这表明圆顶山秦墓铜器在承袭了西周晚期同类器物特点的同时，形成了自己的独特风格。根据墓制与出土器物判断，这 4 座墓和车马坑的年代应为春秋中期，比大堡子山秦公大墓的时代较晚。这说明秦都东移后西垂地区仍为秦国重要腹地，并有公室贵族留守，其国人墓地也一直被延续使用。

图 7-16 蟠虺纹车型器

图 7-17 窃曲垂鳞纹鼎

图 7-18　蟠虺纹方壶

图 7-19　对凤纹方壶

图 7-20　蟠虺纹扁圆盉

图 7-21　蟠虺瓦棱纹盨

图 7-22　簋

图 7-23　编钟

三、西山遗址

由甘肃省文物考古研究所、北京大学考古文博学院、中国国家博物馆考古部、陕西省考古研究所、西北大学文博学院联合组成的“早期秦文化调查、发掘与研究”课题组，在 2004 年西汉水上游考古调查的基础上，2005 年以来，对调查发现的 3 个中心活动区之一的礼县西山遗址进行了大规模发掘。发掘工作集中在 2005 年 3 月至 7 月进行，西北大学师生参与发掘。之后，结合发掘资料的整理又作了数次调查。经过几年来的工作，发现周时期城址一座，发掘出大量周代灰坑、墓葬、动物坑等遗迹，出土了陶器、青铜器等众多文化遗物，并发现了较丰富的史前时期文化遗存。

西山遗址位于礼县县城之西西汉水北岸的山坡上，遗址北边是鸾亭山遗址，东距大堡子山遗址 13 千米。西山遗址地势呈西南—东北走势，原为西高东低的斜坡状，由于近代开垦梯田，使其形成宽度不等的多级阶地。

本次发掘的地点主要集中在“雷神庙”以西、遗址区的东北部。发现的周时期遗迹，包括西周与东周两个阶段。西周时期遗迹主要有 6 座墓葬和少量灰坑；东周时期遗迹数量可观，计灰坑 170 余座、墓葬 28 座、动物坑 10 座、房屋基址 5 座。文化特点显示其属秦人的文化遗存。

灰坑广泛分布于遗址区内，其平面形状有圆形、椭圆形、长方形和不规则形。圆形灰坑又分为口底同大坑、口大底小坑和口小底大的袋状坑。坑内出土物主要为陶片和动物骨骼。陶器器类有鬲、豆、罐、盂、三足瓮等。

墓地依照地势分区埋葬，皆为长方形竖穴土坑墓，排列有一定的规律。西周时期的墓葬一为地势较高处的 3 座墓葬，形制较大，墓向为东西向，墓主仰身直肢，有殉人和腰坑，随葬品丰富；二为地势低处的 3 座墓葬，墓向为南北向，墓主屈肢葬，随葬品较少。其中 M2003 为此次发掘规模最大的一座墓，长 5.05 米，宽 2.6 米，深 11.1 米。沿墓壁用原木和枋材搭建一长方形椁，其内置棺，棺施漆绘，棺外设头箱。墓主人为一成年男性，仰身直肢，头朝西。发掘时发现墓主头骨上留有 1 个射进未拔出的铜镞。墓南壁和北壁各设一龛埋置殉人，北龛殉人为约 30 岁的女性，有棺。南龛殉人为约十五六岁的女性，身旁有 1 只狗。墓底设腰坑，内埋 1 只狗。随葬器物分别置于头箱、椁内、棺内和棺盖之上，铜器有鼎 3 件、簋 2 件、短剑 1 件、戈 1 件、铜鱼 16 件，玉器有璧、圭、璋、戈、玦、管，陶器有鬲、盂、甗、罐及海贝等。据随葬器物特点推断，该墓年代当在西周晚期，侈口罐等器的秦式风格也已显现。这是目前所见最早的三鼎两簋秦人铜器墓。

东周时期秦人墓，年代在春秋早期至战国中期。较大形制的墓葬有棺有椁，小型墓葬具为一棺。多数墓仅有陶器随葬，有鬲、盂、觑、罐、鼎、困等，较大的墓通常见有 1 件至 2 件铜器或出数件石圭。可辨别葬式墓葬的墓主，除一座为仰身直肢葬外，其余全为东西向的屈肢葬，与关中一带秦墓屈肢葬情况相同。只有直肢葬的一座墓发现殉人 3 个。

周时期的房址，分为地面式和半地穴式。地面式房址由于遭受后代破坏严重多保存不佳。F301 房址建筑在一较大范围的夯土台基上，夯土密实。其地处断崖，现存遗迹仅剩夯土台基和局部墙体基槽。据规模和墙基下埋设有陶水管道的情况推断，其应属一处高规格的大型建筑。F107 半地穴式的房址保存相对较好，房址呈椭圆形，长约 6.6 米，宽 5.9 米，最深 2.6 米。北部堆积有密集的卵石，摆放规律，有火烧的痕迹和灰烬，残留有陶器残片和动物骨骼。门道设在北边，东南部有供上下的台阶，坑底和坑边有柱洞多个。坑底西南踩踏面底部有椭圆深坑，在不断的活动过程中堆积形成多层较厚的踩踏面。

西山遗址时间跨度较大，遗址内发现大量仰韶文化、齐家文化、殷商文化、周文化和秦汉文化遗存，是礼县境内发现周秦文化较早的一处遗址群。

图 7-24　商代“亚保父辛鼎”

图 7-25　齐家文化双耳陶罐

图 7-26　西周城址排水陶管

四、秦公簋及其遗址

1919 年甘肃省礼县横河镇（今红河镇）一家叫“聚源当”的当铺收到一只废铜器，据说出土于距横河街不远的王家东台，后被陕西关中一张姓古董商贩运至省城兰州。因其貌不扬，没人重视，流传到南关商肆，在厨中盛残汤剩饭。一天伙计清洗时，无意间发现该铜器的盖子和腹部竟有文字，但文字他一个都不认识。老板知道了，猜想这也许不是件普通的东西，就拿给懂行的人看。行家一看，不禁一惊，不说其他，就冲上面的一百多字的铭文，便高价收购了下来。这消息不胫而走，传到时任甘肃督军的张广建耳中，张以权挟势，占为己有。张广建离开甘肃时又将它带至天津。1923 年国学大师王国维在北京见到此物，甚是激动，据其铭文命名为“秦公敦”，并为其跋文，公之于世。1935 年，张广建的后人以 2 000 多元卖给冯恕，后来冯恕将它捐给北京故宫博物院。1959 年秦公敦被移交到新建成的中国历史博物馆（现为中国国家博物馆），更名为“秦公簋”。

图 7-27　秦公簋

图 7-28　秦公簋盖铸铭文

盖铸铭文：□秦公曰：不（丕）显（朕）皇且（祖），受天命，鼏（幂）宅禹责（迹），十又而功，才（在）帝之坏（坯），□□（严恭）夤天命，保□乓□（业厥秦），虩（赫）事□（蛮）夏，余虽小子，穆穆帅秉明德，剌剌□□（烈烈桓桓），迈（万）民是敕。

图 7-29　秦公簋器铸铭文

器铸铭：咸畜胤士，□□（蔼蔼）文武，□静（镇靖）不廷，虔敬□（朕）祀，乍（作）㖾宗彝，□卲（以昭）皇且（祖），□□□（其严□）各，□（以）受屯（纯）鲁多厘，□□（眉寿）无疆，畯疐才（在）天，高引又（有）庆，灶囿□（造有四）方。宜。

器刻铭：公元器。一斗七升小拳（剩），□（簋），盖刻铭：一斗七升大半升，盖。

（铭文释文出自丁楠《秦公簋铭文考释》）

据王国维等学者考证，秦公簋是春秋时秦国某个国君专为故都“西垂”陵庙所铸的祭器。秦公簋在甘肃东南出土，想必迷失于历史深处的秦人祖邑“西垂”，离此地当不会太远。

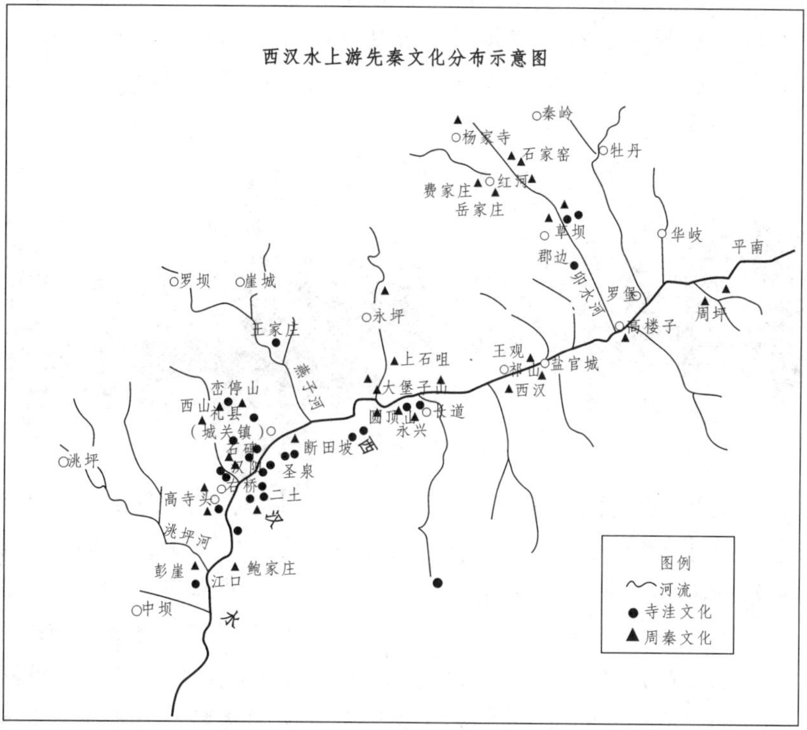

图 7-30　西汉水上游先秦文化分布示意图

附：甘肃秦文化博物馆

甘肃秦文化博物馆坐落于甘肃省陇南市礼县城关镇东新南路秦人广场，其前身是创建于 20 世纪 50 年代的礼县博物馆。甘肃秦文化博物馆是一座集收藏保管、陈列展示、科学研究和宣传教育为一体的现代化综合性博物馆，为省级爱国主义教育基地。占地面积约 7 337 平方米，建筑面积 8 350 平方米，其中展厅面积 3 661 平方米，主体为仿秦汉式建筑，古朴典雅、雄浑大气。

基于如此厚重的历史文化积淀和丰富的遗存，礼县理所当然地跻身于全国文物大县之列，甘肃秦文化博物馆也因其得天独厚的条件，经过几代文博人的努力工作，现收藏有各类文物达五千余件。从第三纪的古生物化石标本，新石器时代的石器、骨器、陶器，到商周以来的周秦文化青铜器、玉器、金器、陶器，汉唐以降各代的瓷器、木雕、书画，近代的革命文物等，都于馆中有收藏。同时馆中还藏有古籍一万余册。一级文物近 150 件，二、三级文物超过 500 件。

图 7-31　甘肃秦文化博物馆

这些文物藏品都具有不可估量的历史、科学、艺术价值和鲜明的地方特色。其中尤以史前彩陶和秦文化青铜器为世人所瞩目。仰韶晚期太阳鱼网纹彩陶瓶、齐家文化红陶少女头像器盖、西周保父辛鼎、乳钉纹簋、春秋秦文化秦子编钟、编磬、金饰片、列鼎列簋、方壶、四轮车形器、扁圆盉、蟠虺纹盨、附耳盘、阔流匜等都是极具特色的国宝重器。

甘肃秦文化博物馆以礼县丰富的早期秦文化文物和其他不同时期文化文物资源为依托，现举办有“礼县秦文化文物展”和“礼县历史文物陈列展”两个基本展览，另设有“秦风民俗展”和“翰墨遗珍书画展”。

礼县是秦人和秦文化的发祥地，秦人在礼县的经营发展是秦帝国的肇始，在整部秦史中占有举足轻重的地位。“礼县秦文化文物展”以丰富独特的早期秦文化文物和早期秦文化最新研究成果向世人重现了早期秦人那段惊心动魄、恢宏壮阔的历史。甘肃秦文化博物馆也将以其特有的文化文物资源，努力成为早期秦史、秦文化的展示和研究中心。

甘肃秦文化博物馆以精心的陈列、优美的环境、优质的服务、优良的秩序和独特的魅力，吸引各地游客、学者前来参观，努力成为传播中华民族优秀文化和地域文化的一个窗口。甘肃秦文化博物馆也将以充满生机和活力的崭新面貌，为人类文明的传承和建设做出自己应有的贡献。

第八章 以礼县为中心的秦早期都邑及秦人族群分布

一、秦早期都邑

“西垂宫”是秦人东迁前建立的第一都邑，是秦文化的发祥地。据《史记·秦本记》记载，秦的祖先“在西戎，保西垂”。但西垂宫的具体位置在哪里，众说纷纭，史无定论。而未探明的原因，并不是少有人关注，而是因为除《史记》中对“西垂”略有提及外，再无其他研究资料。

礼县秦文化研究会常务副会长康世荣说，二十世纪初，甘肃天水西南部出土了秦公簋，这立即引起了学术界的极大关注。王国维、郭沫若等史学家都认为这是探寻“西垂”所在地的重要线索。史学专家冯国瑞先生对此进行研究后提出：“西垂”应在甘肃礼县一带。但由于这一看法在当时缺少可靠的实证，未得到学术界的普遍认同。

中国秦文化研究专家石兴邦指出：“秦人都城与陵墓的建筑是有机联系的，陵随都移，国都所在附近，即营陵寝。”甘肃博物馆历史考古部主任祝中熹通过研究历史文献中记载的10座秦公陵墓与都邑的地理位置关系，总结出历代秦公陵墓与其都邑的距离最远不过15千米，其距离以5千米者居多。

根据这一规律，专家们发现秦始皇第一祖陵正是位于古建安水和西汉水的交汇地带，这与秦人建都多选两水合流处的习惯正好相符。

祝中熹先生认为，秦西垂宫就在甘肃礼县一带。但截至目前，人们尚未在这片河谷盆地发现先秦古城遗址。这可能有两方面原因：一是这一带水位很高，西汉水河岸在不断上升，加上自然环境的变迁，古城遗址有可能已深埋于地下了；二是过去一直无人在这一地区展开过详细的考古调查。

随着秦西垂陵区的发掘，揭开西垂宫地址之谜的条件目前已基本具备。专家们从西垂陵区的规模和出土的文物推断，秦人生活的都邑西垂宫应更为浩大，其古遗址的发现必将为考古学和先秦历史学提供丰富的实物资料，使秦早期文化研究更加完整。

二、秦人族群分布

根据史料记载，商末至战国时期，秦人主要有四支：蜚廉一族受封，住在赵城（今山西洪洞县）。《史记·秦本纪》："穆王以赵城封造父，造父族由此为赵氏。"《山西通志》和《平阳府志》均记载："周穆王封造父之地。赵城乃赵氏地望所在。"《史记·赵世家》开篇也说："赵氏之先，与秦同祖。至中衍，为帝大戊御。"大戊即太戊，是商朝第九位帝王，闻知中衍继承了祖先的善御技艺，乃召卜师占卜，结果卦象大吉，就将中衍召来做了自己的御者。中衍受知遇之恩，屡建功勋。太戊大喜，又将王室之女嫁给其为妻。而若木的后裔费昌"当夏桀之时，去夏归商，为汤御，以败夏桀于鸣条"，能为汤御，可见也是一名出色的御手。《史记·秦本纪》："自太戊以下，中衍之后，遂世有功，以佐殷国，故嬴姓多显，遂为诸侯。其玄孙曰中潏，在西戎，保西垂。生蜚廉。蜚廉生恶来，恶来有力，蜚廉善走，父子俱以材力事殷纣。""蜚廉复有子曰季胜。季胜生孟增。孟增幸于周成王，是为宅皋狼。皋狼生衡父，衡父生造父。"造父是蜚廉的五世孙。"自蜚廉生季胜以下五世至造父，别居赵。"晋国六卿之赵氏便是其后。从此，造父一族脱离西秦，以封邑赵城为姓，改而姓赵，战国时建立赵国。

真正成为嬴秦正脉的应当是以下三族，祝中熹先生称之为"汉渭文化圈"。

1. 犬丘大骆一族

到商纣王初期，伯益的第九代孙子中潏，奉命为西周戍边驻防。中潏及其部族虽然迁守于西垂，但他的儿子蜚廉仍在商纣王身边供职。

从当时嬴族的名望、西戎的强大以及中潏"在西戎，保西垂"后的形成的戎、周和睦关系等事实推知，中潏绝非普通一卒，而是被委以重任的"封疆大吏"。中潏驻防的"将军府"可能就设在"西垂"这一地方，即甘肃礼县西汉水上游一带。

《史记》载："周宣王乃召庄公昆弟五人，与兵七千人，使伐西戎，破之。于是复予秦仲后，及其先大骆地犬丘并有之，为西垂大夫。""庄公居其故西犬丘"，西犬丘，即"西垂"。为何其是秦人的"故"地、"大骆地"？极有可能与中潏"在西戎，保西垂"期间，在西垂留下的嬴人根脉有关系。

大骆一族为"和西戎"长期居住在西犬丘（西垂），后为西戎所灭，秦仲复仇、庄公伐西戎，使"大骆地"失而复得，并为秦仲、庄公、襄公、文公长期居住。

从中潏到秦文公十三代三百余年，嬴姓一族长期定居西垂（礼县一带），繁衍生息，绵延不绝。这三百余年正是嬴秦从居无定所到扎根西垂，在与戎狄融合与缠斗中逐步发展壮大起来的历史。

2. 清水非子一族

非子一族，被周王封为附庸，封地于秦（今甘肃清水县、张家川回族自治县及陕西陇县部分地域）。据《史记·秦本纪》记载："非子居犬丘，好马及畜，善养息之。犬丘人言之周孝王，孝王召使主马于汧渭之间，马大蕃息。孝王欲以为大骆嫡嗣。申侯之女为大骆妻，生子成为嫡。申侯乃言孝王曰：'昔我先郦山之女，为戎胥轩妻，生中潏，以亲故归周，保西垂，西垂以其故和睦。今我复与大骆妻，生嫡子成。申骆重婚，西戎皆服，所以为王。王其图之。'于是孝王曰：'昔伯翳为舜主畜，畜多息，故有土，赐姓嬴。今其后世亦为朕息马，朕其分土为附庸。'邑之秦，使复续嬴氏祀，号曰秦嬴。亦不废申侯之女子为骆嫡者，以和西戎。"

非子奉命为励精图治的周孝王在"秦"养马，帮助周王室壮大了军事力量。随后，周孝王成功稳定了在共、懿二王时期陷入混乱的西周局势，恢复了周王室权威。安定了局面的周孝王龙颜大悦，决心要封赏非子。非子的父亲大骆作为族长，在犬丘（今甘肃礼县）为周戍边抵御西戎，颇有威望，周孝王有意把非子立为大骆的嫡子，未来继承大骆的地位。但是大骆的妻子是申侯的女儿，也为大骆生下了一个儿子叫嬴成，身居高位的申侯自然要为自己的亲外孙维护利益。

申侯告诉周孝王说："以前我的先人骊山女嫁给戎胥轩为妻，生下中潏，因为姻亲的缘故，中潏和大周相亲，能够保卫守护西垂，和大周和睦相处。现在我又把女儿嫁给大骆为妻，生下了嫡子嬴成。申人和嬴姓再次联姻，西戎都纷纷降服，这对大王您有好处呀，请您慎重考虑。”申侯的言下之意是，中潏有申人血脉，所以亲近大周。嬴成是申侯的外孙，会比非子更加亲近大周的；申人对大骆的支持，让大骆有能力威慑西戎，如果改立非子，可能西戎就不安分了；废嬴成而立非子做大骆继承人，对大王你是没好处的，你还是再考虑一下吧。申侯这段话有明显的利己倾向，但是却不无道理。周孝王只好改变主意，换种奖赏给非子。

周孝王是个有见识的人，他从历史中找到了赏赐非子的办法。周孝王说：“昔伯益为舜主畜，畜多息，故有土，赐姓嬴。今其后世亦为朕息马，朕其分土为附庸。”也就是说：“伯益给帝舜驯养牲畜，获得了封地并被赐姓为嬴，现在他的后人给我养马，我也要封地给他，让他作大周的附庸。”说到做到，周孝王随即把秦邑封给了非子，并让他接续嬴姓祭祀。

《礼记·王制》载：“公侯田方百里，伯七十里，子男五十里；不能五十里者，不合于天子，附于诸侯曰附庸。”就是说“附庸”指的是封地不足五十里，附属于诸侯国的小国，比如秦国血亲赵国在周幽王时附属于晋国，应该就算是这种意义上的“附庸”。但是根据周孝王语境和后续的历史，我们可以推断，秦国并没有附属给别的任何诸侯国，而是直接听从周天子的调遣。随后，秦国凭着悍勇善战，逐渐成为深受周王室信赖和依仗的亲密伙伴。

非子从“弼马温”一跃成为了秦的君主以及周王室认可的“嬴姓大家长”，秦国也获得了周王室的认可和信赖。在历经了商朝灭亡后长达 5 代人、约 100 年的困窘之后，恶来一脉终于重见天日。正如曾经岐周在商朝的支持下迅猛发展，秦国也将在西周的庇护下冉冉升起。

3. 甘谷毛家坪一族

毛家坪遗址是朱圉山附近面积最大、保存最好的秦文化遗址。2012—2014 年联合考古队全面勘探、发掘毛家坪遗址，勘探出墓葬千余座，累计发掘面积约 4 000 平方米，共发掘墓葬 199 座，灰坑 752 个，车马坑 4 座，年代从西周晚期延续至战国中晚期。共出土铜容器 51 件，陶器约 500 件，小件千余件（组），极大丰富了周代秦文化的内涵。遗址总面积约 60 万平方米，可能是古冀县的县治。M2059 为该遗址级别最高的墓，出五鼎四簋，随葬铜戈有“秦公作子车用”铭文，表明遗址沟西墓地为子车氏家族墓地。发掘的车马坑全面展现了春秋秦人车制，对研究秦车马文化有重要意义。然而，毛家坪秦文化基本上没有殷商色彩，与商奄之民扯不上关系，年代上也与周初相距较远，无法支持清华简“西迁商盖之民于虘，以御奴虘之戎，是秦先人”的说法。清华简是战国中期的楚简，距离周初约 700 年。况且秦、楚敌对，楚人一向与秦人不和，《系年》所记不一定准确。周人或秦人自西周末至春秋中晚期，长期居住此地。这一族人何时而来、为何而来、与秦人脉系关系怎样？还不十分清楚。

甘谷、武山与礼县北相比邻，三县交界处有一开阔草场，号称“三县梁草原”。从大堡子山到“三县梁草原”只有几十千米，是一理想的牧场。西犬丘大骆一族作为秦人一脉、周之附庸，担负着壮大族人、为国戍边的重任。扩大势力范围，进入渭河流域的冲积平原养马、农耕当属情理之中。

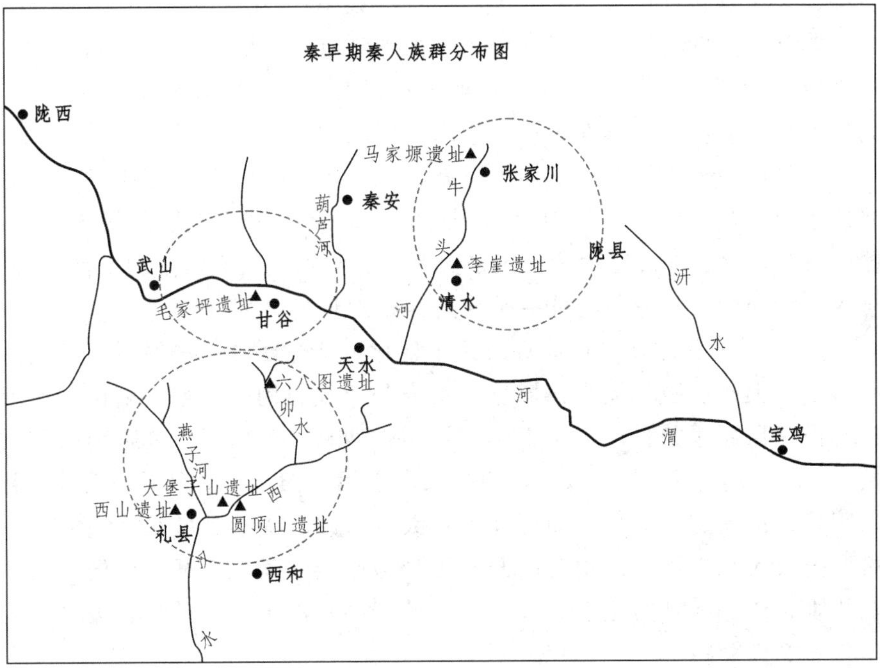

图 8-1 秦早期秦人族群分布图

第九章 礼县秦早期遗址中呈现的文化现象

一、秦人的祭祀文化

“神不歆非类，民不祀非族。”中华民族对于祭祀有着特殊的历史与现实情感。祭祀既是一种宗教活动，也是一种文化活动。先秦古人以为：“国之大事，在祀与戎。”所以，先秦古人十分重视祭祀礼仪。据《尔雅·释天》记载：先秦时代，春天的祭祀礼仪被称为祠，夏天的祭祀礼仪被称为礿，秋天的祭祀礼仪被称为尝，冬天的祭祀礼仪被称为烝，祭祀天、地被称为播柴、瘗薶，祭祀山、川被称为庪县、浮沉，此外还有师祭、马祭、大祭等各种形式多样、内容丰富的祭祀礼仪。

礼县境内发现以早期秦文化为主的遗址有 38 处，并发现“六八图—费家庄”“大堡子山—圆顶山（赵坪）”“西山坪—鸾亭山—石沟坪”三个大遗址群。墓葬中不乏祭祀坑、祭坛、祭品和祭器。

礼县西山遗址发现祭坛和大量祭祀坑，其中祭祀动物坑 10 座。县城北鸾亭山祭祀遗址出土了 10 套组合完整的汉代玉器，玉器总数 51 件，器类有圭、璧、玉人三种及长乐未央瓦当，为汉代祭天用玉的空前发现。学界认为西山、鸾亭山遗址就是襄公西畤遗址的一部分。

《史记·封禅书》：“自周克殷后十四世，世益衰，礼乐废，诸侯恣行，而幽王为犬戎所败，周东徙雒邑。秦襄公攻戎救周，始列为诸侯。秦襄公既侯，居西垂，自以为主少皞之神，作西畤，祠白帝，其牲用騮驹、黄牛、羝羊各一云。”大意是自周朝灭殷以后十四世，世道更加衰落，礼乐废弃，诸侯恣意行事，而周幽王被犬戎打败，周朝都城东迁到雒邑。秦襄公攻犬戎救周，以功劳故开始被列为诸侯。秦襄公既为诸侯，居住在西垂，以少皞神为主祭之神，作西畤，祭祀白帝，用马驹、黄牛、羝羊各一头作牺牲。

畤祭是秦极为重要的祭祀活动，这一活动从秦襄公立西畤（前 770）到秦献公立畦畤（前 367），前后持续了四百余年，成为秦政治生活中的大事。西周末年，秦襄公因为护送平王东迁有功，被封为诸侯，襄公设立西畤祭祀上帝，秦从一边陲小国走上了独立发展的道路，其意义重大。到秦献公在栎阳设立畦畤时，秦的势力已经发展到渭水以西以北更为广大的区域，畤祭的设立和开展与秦势力的扩大一同发展。

二、秦人的图腾文化

大堡子山西垂陵园出土的金饰片大小不一，形象各异，但最为生动绝伦的要数鸱枭形象的那部分。尤其其图形头部轮廓逼真，线条平滑，做工精美，形象极其传神。

“秦之先，帝颛顼之苗裔孙，曰女修。女修织，玄鸟陨卵，女修吞之，生子大业。”这是《史记》对秦人先祖——嬴族最早的记述，也说明嬴族与玄鸟的神秘联系。

鸟图腾崇拜是我国古代东夷部族原始崇拜的普遍现象。“天命玄鸟，降而生商。”这是建立商朝的商人的历史传说。同属鸟图腾崇拜的嬴族，其许多先祖的出生与成就也都与鸟有关。除了女修因吃了鸟蛋生下大业的离奇故事以外，嬴族另一位先祖少昊的身世，也与鸟有着神秘联系。据《左传》记述：“少皞挚之立也，凤鸟适至，故纪于鸟，为鸟师而鸟名。”还有不少典籍也对少昊出生有更为详尽的记述，东晋王嘉《拾遗记》说少昊出生的时候有五只五颜六色的凤鸟从五个方向降落，于是仙女娥皇临盆分娩，生下了少昊，所以少昊又称凤鸟氏。长大以后，少昊便以玄鸟——燕子为自己部落图腾。后来少昊征服海岱之间其他弱小部落，在穷桑（现在曲阜）举行部落联盟加冕仪式时，这种神秘美丽的凤鸟又一次翩然而至。每当生命的关键时刻，这种神秘的凤鸟都会降临。少昊认为是祥兆，这凤鸟肯定是天帝派来护佑他和嬴族部落众生的，就又以凤鸟为族神，并在以曲阜为中心的山东半岛建立了他的“百鸟之国”——少昊之国。现在汶水河流域的山东莱芜古称“凤凰城”或“八宝凤凰城”，也许就是少昊当年在这一带生活遗留下的历史信息。

根据传说，嬴族的起源有两个先祖，一个是少昊，另一个是颛顼。少昊和颛顼都是黄帝后裔，我国古代五帝之一。按照辈分，少昊是颛顼叔叔。最早的时候，少昊和颛顼虽然分属不同部落，但根据他们的叔侄血缘可以推测，少年时代颛顼所在部族也应该和少昊一样属鸟图腾部落，而且根据后来秦人崇拜玄鸟——即燕子，以燕子为族徽的传统可以推测，颛顼部族就是阳鸟崇拜部族。大概是在少昊晚年时候，日益昌盛的少昊之国事务太杂太多，少昊穷于应付，就邀请与自己同一血缘的侄子颛顼帮助打理国家事务。这应该是当年生活在泰安、莱芜、曲阜、日照一带的山东半岛嬴族鸟图腾两大部族的第一次大融合。少昊名挚——据考古学家研究，少昊的“挚”字即“鸷鸟”的“鸷”，是一种很凶悍的猛禽。少昊与颛顼的结合，也就是骁勇的鸷鸟与机智的燕子的结合。东方这两个鸟图腾崇拜部族友好结合，孕育了一个后来在东夷集团举足轻重的强大部族——嬴族。

少昊八十四年，少昊传位于颛顼并命令颛顼带兵平定九黎之乱，这是嬴族先祖在中国东方崛起的关键时期。嬴族先祖在这次战争中的胜利不仅表现出颛顼出众的领导才能，使少昊颛顼部族声誉鹊起，而且标志着嬴族已经成为东夷集团一支不可忽视的政治力量。也许正是少昊颛顼鸟图腾部族日益强大，以及嬴族先祖所掌握的生产技术对当时社会发展关系重大的缘故，这个以鸟为部落图腾的民族获得了不少益处：舜帝时期，颛顼一族的嬴人先祖伯益因为擅长驯养鸟兽而被封为虞官；到了商汤灭夏的时候，嬴族又因为和商同属鸟图腾崇拜部族而与商汤结为联盟，并深得商人信赖，成为商朝格外看重的重臣。这个鸟图腾部族的事业如日中天。

《秦本纪》又云大廉称“鸟俗氏”，孟戏、中衍“鸟身人言”或“人面鸟喙”，《括地图》云孟戏“人首鸟身”，凤凰与之随止。晚商时秦人首领有名“飞廉”者，而飞廉又被后世视为鸟类之神，《三辅黄图》云：“飞廉，神禽，能致风气者。”

这些神奇传说均说明嬴秦族崇拜鸟，并以鸟图腾纹身，以鸟形象装扮自己，形成了“人首鸟身”“鸟身人言”的戏剧性装束形象。

大堡子山西垂陵园出土的金饰片，数量可观。大部分流失国外，我国现存包括民间收藏、馆藏及法国回归的 32 件在内，至少在 100 件以上。它们形制与规格不一，长度一般在 7.5 至 12.5 厘米间，宽度一般在 3.5 至 9 厘米间。最小的一种，长约 4.3 厘米、宽约 1.1 厘米；最大的一种长约 50 厘米，宽约 38 厘米。祝中熹先生说：“这些金饰片，虽经近 3 000 年的埋蚀，如今依然熠熠耀目。可以想象当年由它们组合而成饰于椁面的一对对大金鸟，是多么灿烂壮观。如此华贵而独特的椁饰，只能用秦人的鸟图腾崇拜来解释。”

三、秦人的丧葬文化

1. 西首葬

查证秦人早期考古资料，西首葬是秦人早期最主要的丧葬习俗之一。大堡子山 M2 号大墓的葬制为：墓室内设二层台。其中东、北、南三面二层台上殉葬 7 人，均为直肢葬，都有葬具（有的还是漆棺），多随身葬有小件玉饰。此外，西二层台上有痕迹表明，这里原来也置放有随葬品。葬具为木椁和漆棺，均已朽。棺周围残留有金箔片，说明漆棺上原来镶有金箔棺饰。椁室内残存罐、鬲等陶器碎片以及铜泡、戈、刀等铜器残片。墓主尸骸已朽，据朽痕可知，葬式为仰身直肢，头向西。墓底部中央设腰坑，内置殉犬 1 只、玉琮 1 件。

西墓道长 38.2 米，宽 4.5 – 5.5 米，总体亦呈斜坡状，但有 8 个沟槽状的台阶。在深 1.25 米的层面填土中埋葬 12 个殉人，均为屈肢葬，头向有的朝东，有的朝西。分为生殉和杀殉两种，前者作痛苦挣扎状，后者有的头部有洞，姿势规整。多为青少年。有 3 个殉人各随葬玉玦 1 件。填土中还有殉犬 1 只。

M3 号大墓北侧二层台已被盗扰。墓室内漆棺、木椁及墓主已朽。墓主仰身直肢，头向西，胸、颈部位残留有大量散乱的琥珀珠。腰坑内有殉犬 1 只、玉琮 1 件。西墓道呈台阶状，长 41.5 米，宽 8.2 米。填土中埋殉人 7 名。

2008 年联合考古队，全面统计了礼县春秋至战国早期秦墓的葬俗，发现直肢葬、腰坑、殉犬、殉人现象按等级自上而下递减，屈肢葬、无腰坑、无殉犬、无殉人的现象自上而下递增，西首葬则为各阶层共用。研究者认为这种上、下阶层葬俗互异的现象，反映了秦文化的地缘性特点。

西首葬是秦人早期最主要的葬俗，在这种习俗背后，蕴藏着秦人早期的信仰与文化背景。

考古学家石兴邦先生认为：埋葬的方向，在原始人的意识里，有着一定的意义。半坡人埋葬的头向，基本上是向西的，应该是在一定的信仰的支配下形成的。现在的后进部族在埋葬死人的方向问题上，基本上有三种不同的信仰：一种认为人死后，灵魂要回到原来的（或传说中的）老家去，因此，头就朝着老家的方向。第二种信仰认为世界上有一个特殊的域界，人死后，就到那里去生活，因此，埋葬死者时头就朝着这另一世界所在的方向。第三种信仰，例如尼尔兰人，他们把人从生到死看作如太阳东升西落一样，人死后就随着太阳落下，因此，在埋葬时，背朝东，面向西。

秦人墓葬的西首葬习俗是与其太阳崇拜的宗教习俗密切相关的。秦人将祖地东夷文化中的太阳崇拜带入此地，因此秦人沿袭着“日落归西，人亦随着太阳走”的阳鸟崇拜的习俗，将西方作为自己死后的归宿与向往之地，这是秦人普遍认同的一种关于生死的宗教信仰观念。

由于秦人是来自东方的民族，是随着周文化的向外扩张到达西垂之地的，其文化内涵除具有周文化的一些特征外，还具有浓厚的商文化特征。大堡子山早期秦人墓向朝西，显然不是指向其祖先起源地，而是因其宗教信仰所致。

大堡子山秦公墓葬制还带有明显的地缘文化特征。

2. 屈肢葬与直肢葬

除西首葬之外，秦人最普遍的葬俗是屈肢葬与直肢葬并存。大堡子山 M2 号大墓中的殉人有的是直肢葬，有的是屈肢葬，墓主却是仰身直肢葬；M3 号大墓中的墓主也是仰身直肢葬。

屈肢葬是我国古代丧葬形式之一。其特征主要是把遗体肢骨屈折，使下肢呈蜷曲形状，然后葬入墓坑。屈肢葬形成的原因是什么呢？

一是认为葬式姿势是由死者生前的身份决定的。据有关资料统计，1949 年后在陕西、甘肃地区所发掘的春秋战国时期的墓中，屈肢葬者占 70%，直肢葬者占 12%，葬式不清者占 18%。据此，有学者以为直肢葬者为秦宗室贵族，而屈肢葬者为殉葬的奴隶，秦人屈肢而葬是“秦国奴隶们的一种固定葬式”。此意见得到了一些学者的赞同，但同时有人又感到这种解释不能对中原地区和其他地区的屈肢葬都给以予合理的说明。

二是认为屈肢葬是按人们日常生活、休息或睡眠的自然姿态来安排死者的，这样可使其舒适地长眠。

三是认为屈肢葬是出于某种灵魂托转的宗教信仰。屈肢葬的姿态像胎儿在胎胞内的样子，象征着人死后又回到他们所出生的胎胞里面去。这种葬式含有人怎样来到人世就怎样离开人世，并有让死者尽快投胎转世的意思。

四是认为将死者用绳索捆绑成弯曲状，是为阻止灵魂出走，向活人作祟。

有些学者认为秦人屈肢葬是秦人与西戎长期杂居融合，汲取了西戎文化特征的体现。高士荣先生认为："秦文化也浸淫了戎人文化的特征，在周文化和戎人文化的双重挤压下，秦文化顽强地保留了自身屈肢葬和西首葬的习俗。"

3. 殉人与腰坑

除西首葬与屈肢葬和直肢葬的葬俗之外，在大堡子山秦墓中，除墓主之外，还有大量依附墓主而非正常死亡的殉人存在。从秦墓中存在殉人的事实可以看出，这些殉人多为青少年，被殉葬后，可以为死者在阴间提供各种服务与安全保障。秦人的氏族首领、家长及显贵死后，把"生前认为最珍贵的物品，都与已死的占有者一起殉葬到坟墓中，以便他在幽冥中能继续使用"。

在大堡子山秦公大墓中有腰坑，腰坑内有殉犬 1 只、玉琮 1 件，另外 4 座中小型墓也有腰坑。

四、秦人的礼乐文化

大堡子山 M2 墓的盗洞之中出土 5 件编磬。"乐器坑"出土秦子镈 3 件，编钟 8 件，编磬 10 件，铜虎 3 件（附于镈）以及钟、镈钩和钟、磬架残迹等。上海博物馆所藏秦公镈，日本美秀（MIHO）博物馆收藏的无铭文镈，均出自大堡子山，其他更精美的乐器已被盗掘流失。秦公墓中为何陪葬如此多的乐器？这是秦人继承了周的礼乐制度的一种表现。

礼乐制度盛行于中国的商周时期，是维系奴隶制等级观念的规范，也是奴隶主阶级借以巩固其统治地位的重要手段。《礼记·曲礼》云："夫礼者，所以定亲疏，决嫌疑，别同异，明是非也。"又云："君臣、上下、父子、兄弟，非礼不定。”在举行祭祀、宴享、朝聘、婚冠、丧葬等宗教和政治活动时，均使用礼乐器。礼乐器是表明器主身份、权位的标志物。正如《左传·成公二年》所云：“器以藏礼，礼以行义。”又云：“唯器与名不可以假人。”丧葬礼是礼乐制度的重要组成部分。死者入葬时所享受的待遇，依生前的品级而有所不同。古代墓葬能够比较完整地保存随葬品和有关遗迹，因而为研究古代的礼乐制度提供了宝贵的实物资料。

不同场合，不同身份的人，不但礼仪有别，所用的音乐也不一样。如祀天神，“乃奏黄钟，歌大吕，舞《云门》”；祭地示，“乃奏太簇，歌应钟，舞《咸池》”。(《周礼·春官》) 两君相见，例用大雅《文王》；诸侯设宴招待他国使臣则用小雅《鹿鸣》《四杜》《皇皇者华》(《左传·襄公四年》)。又如天子祭祖用《雍颂》，士大夫则不能用。

编钟是我国古代的一种打击乐器，用青铜铸成。在中国古代，编钟是上层社会专用的乐器，是等级和权力的象征。编钟的下葬数量是有着严格规定的，所谓“四套天子，三套诸侯”的编钟陪葬制度，是指天子死后葬四套，君侯及其夫人死后葬三套。这与天子用“九鼎八簋”，诸侯用“七鼎六簋”，卿大夫用“五鼎四簋”，士用“三鼎二簋”的礼仪相对应。

第十章　嬴秦与西戎的关系

古代华夏族人将自己周围四方的异族分别称为东夷、南蛮、西戎、北狄，以区别华夏。《礼记·王制》曰："东曰夷、西曰戎、南曰蛮、北曰狄。""中国戎夷，五方之民，皆有性也，不可推移。东方曰夷，被发文身，有不火食者矣。南方曰蛮，雕题交趾，有不火食者矣。西方曰戎，被发衣皮，有不粒食者矣。北方曰狄，衣羽毛穴居，有不粒食者矣。"

"西戎"，在商末至战国，主要是指氐羌系各部落。《尚书·禹贡》指"织皮、昆仑、析支、渠搜"。《史记·匈奴列传》指"绵诸、绲戎、翟、獂、义渠、大荔、乌氏、朐衍"等。他们最早分布在黄河上游及甘肃西北部，以后逐渐东迁，春秋时分属秦、晋等国。

氐族主要分布于西汉水一带和陇山左右。羌戎文化分布在甘肃东部和陇山东侧。绵诸戎大致分布于天水、清水一带。獂戎分布于今天甘肃武山县、陇西县一带。朐衍戎分布于今天陕西、宁夏的定边、盐池一带。邽戎分布于今天水一带。冀戎分布于今天的甘肃甘谷县一带。义渠戎分布于甘肃庆阳一带。

记述西北羌戎最完整的史籍当属《后汉书·西羌传》，范晔在总结《竹书纪年》的基础上提出：

"西羌之本，出自三苗，姜姓之别也。其国近南岳。及舜流四凶，徙之三危，河关之西南羌地是也。滨于赐支，至乎河首，绵地千里。赐支者，《禹贡》所谓析支者也。南接蜀、汉徼外蛮夷，西北接鄯善、车师诸国。所居无常，依随水草。地少五谷，以产牧为业。其俗氏族无定，或以父名母姓为种号。十二世后，相与婚姻，父没则妻后母，兄亡则纳厘嫂，故国无鳏寡，种类繁炽。不立君臣，无相长一，强则分种为酋豪，弱则为人附落，更相抄暴，以力为雄。杀人偿死，无它禁令。其兵长在山谷，短于平地，不能持久，而果于触突，以战死为吉利，病终为不祥。堪耐寒苦，同之禽兽。虽妇人产子，亦不避风雪。性坚刚勇猛，得西方金行之气焉。"

一、周秦与西戎的战争

《后汉书·西羌传》记述商汤以来与羌戎战争的情节要比《史记》详细得多。

夏朝的国君太康失去天下，四夷全都背叛。到后相即位，于是征讨畎夷，七年以后畎夷前来归顺。到了后泄，才加封畎夷爵位，畎夷自此服从夏朝。后桀动乱时，畎夷进入邠岐一带居住。成汤兴起以后，征讨畎夷，使其退却。到殷朝中期衰弱时，四夷全都背叛。武丁时征讨西戎、鬼方，用了三年时间才攻克下来。所以《诗》说："自彼氐羌，莫敢不来王。"

到武乙凶暴毒虐，犬戎侵犯边境，周古公翻过梁山到岐山脚下避难。到儿子季历时，征讨西落鬼戎。太丁的时候，季历又攻打燕京的戎族，戎人大败周的军队。两年以后，周的部队打败余无的戎族，这时候太丁任命季历为牧师。自此以后，季历又攻打始呼、翳徒的戎族，都获得了胜利。到文王担任西伯时，周的西面有昆夷为害，北面有猃狁构成危险，于是文王打退了戎狄并且在那里驻守军队，戎狄没有不臣服的。文王于是统率西戎，征讨背叛殷商的国家来事奉纣王。

到武王攻打商时，羌人、髳人率领军队在牧野会师。到穆王时，戎狄不向周朝进贡，穆王于是西征犬戎，俘虏了犬戎的五位王，又获得四只白鹿、四只白狼。穆王将戎人迁徙到太原。夷王时周朝衰弱，边远的戎人不来朝拜，天子就命令虢公率领六军之师攻打太原的戎人，一直打到俞泉，获得一千匹马。厉王残暴，戎狄入侵掠夺，竟然进入犬丘，杀害了秦仲一族，天子下令征讨戎人，不能取胜。到宣王继位的第四年，派秦仲攻打戎人，秦仲被戎人杀死。天子接着召来秦仲的儿子庄公，给他七千兵力，让他征讨戎人。他打败了戎人，戎人由此稍稍退却。二十七年后，天子派军队攻打太原的戎人，不能取胜。五年之后，天子征讨条戎、奔戎，天子的军队被戎人打败。两年以后，晋人在汾水边下隰的地方打败了北戎。戎人也灭掉了姜侯的封邑。第二年，天子征讨申戎，打败了申戎。十年以后，幽王命令伯士征讨六济的戎人，结果军队战败，伯士死在那里。这一年，戎人包围了犬丘，俘虏了秦襄公的哥哥伯父。当时幽王昏庸残暴，四方夷人交替入侵，幽王废掉申后而立褒姒为王后。申侯发怒，就同戎人侵犯周朝，在郦山杀死了幽王。周于是向东迁到洛邑，秦襄公进攻戎人，救援周朝。两年以后，邢侯大败北戎。

到平王末年，周朝最终衰弱。戎人迫近华夏，从陇山向东直到伊水、洛水，处处都有戎人。这时候，渭水上游有狄、貆、邽、冀之戎，泾水北边有义渠之戎，洛水有大荔之戎，渭水南岸有骊戎，伊水、洛水之间有杨拒、泉皋之戎，颍水上游西面有蛮氏之戎。在春秋时代，戎人偶尔进入中原，参与华夏各国的盟会。鲁庄公攻打秦国，攻取邽、冀之戎。十多年以后，晋国灭掉了骊戎。这时候，伊、洛之戎强大，向东侵犯曹国、鲁国，十九年以后，终于攻进天子的国都，于是秦国、晋国攻打戎人以援救周天子。两年以后，戎人又进犯京城，齐桓公征调诸侯国军队在周驻守。九年以后，陆浑戎从瓜州迁居伊川，允姓戎迁居渭水、汭水一带，东面到达辗辕。在黄河以南，大山以北的称为阴戎，阴戎的种族繁衍增多。晋文公想建立霸主的基业，就贿赂戎狄，要他们打开道路，用来辅助周天子。秦穆公得到戎人由余，终于称霸西戎，开拓了上千里的土地。到晋悼公时，又派魏绛与诸戎和好，再次建立霸业。这时候，楚国、晋国非常强盛，以威力使诸戎服从，陆浑、伊、洛、阴戎事奉晋国，但蛮氏跟随楚国。后来陆浑背叛晋国，晋国派荀吴灭掉了陆浑。四十四年以后，楚国抓了蛮氏，将他们全部关押。这时候，义渠、大荔最为强大，修筑了几十座城邑，都自称王。

到周贞王八年，秦厉公灭掉大荔，占领了大荔的地盘。赵国也灭掉了代戎，就是北戎。韩、魏又一道渐渐吞并伊、洛之戎和阴戎，将他们消灭。这些戎族中漏网的人都向西翻过汧山、陇山逃走了。自此以后中原再没有戎人入侵，仅留下义渠戎族。到周贞王二十五年，秦国攻打义渠，俘虏了义渠王。十四年后，义渠入侵秦国，到达渭水南岸。一百多年后，义渠在洛水打败了秦国的军队。四年以后，义渠国内发生战乱，秦惠王派庶长操率领军队平定了义渠之乱，义渠自此向秦国称臣。八年以后，秦国攻打义渠，占领了郁郅。两年以后，义渠在李伯打败了秦国的军队。第二年，秦国攻打义渠，攻占徒泾二十五座城邑。到秦昭王继位时，义渠王朝见秦王，就与昭王的母亲宣太后私通，生下两个儿子。到周赧王四十三年，宣太后在甘泉宫诱杀了义渠王，接着发兵灭掉了义渠，开始在那里设置了陇西、北地、上郡。

戎人原先没有国君首领，夏后氏末年到商周之交，有的戎族跟随诸侯牧伯征战，有功劳，天子封给他们爵位，成为藩国。春秋时，陆浑戎、蛮氏戎称子，战国时代，大荔、义渠称王，到戎族衰败灭亡时，剩下来的戎人全都恢复过去的酋豪称呼。

羌人无弋爰剑，在秦厉公时被秦国抓住，当了奴隶。秦人不知道爰剑属于哪一支戎族。后来爰剑逃跑时，秦国人追得很紧，他藏在岩洞中得以逃脱。羌人说爰剑起初藏在岩洞里面，秦人用火烧他，有个像虎一样的东西为爰剑挡住了火，爰剑才得以活下来。逃出来以后，爰剑又在野外和被割掉鼻子的女子相遇，于是结成夫妻。女子对自己的模样感到羞惭，就披下头发盖住脸部，羌人因此将披发作为习俗。爰剑夫妇一同逃到三条大河之间。羌人们见到爰剑没有被火烧死，感到惊奇，以为爰剑是神，都对他敬畏，事奉他，推举他作为酋豪。黄河、湟水一带缺少五谷，禽兽很多，羌人以打猎为业。爰剑教羌人种田养牲畜，终为羌人敬重和信任，部落里的人投奔他的日益增多。羌人称"奴"为"无弋"，由于爰剑曾做过奴隶，所以用"无弋"称呼他。自此以后，爰剑的后代世世做羌人的首领。

到爰剑的曾孙忍时，秦献公刚刚继位，献公想恢复秦穆公时的荣光，发兵抵达渭水上游，消灭了狄豲戎。忍的叔父卬害怕秦国的威力，带领自己的部族和附属部落向南，走出赐支河曲，再向西行有几千里远，跟其他羌人部族相距极远，不再往来。他们的后代子孙分离迁徙，各自成为不同的部族。有的成为牦牛种，就是越巂羌；有的成为白马种，就是广汉羌；有的成为参狼种，就是武都羌。忍和弟弟舞独自留在湟中，并且娶了很多妻子。忍生的九个儿子成为九支种族，舞生的十七个儿子成为十七支种族。羌人的兴盛，就从这时开始的。

到忍的儿子研继位，这时秦孝公强大称雄，以武力使羌戎服从。秦孝公派太子驷率领九十二个戎狄国朝拜周显王。研非常强健，所以羌人称羌的后代为研种。到秦始皇时，秦国一心吞并六国，忙着对付诸侯，军队没有西征，所以羌人能够繁衍生息。秦国兼并天下以后，派蒙恬率领军队攻占土地，向西驱逐各戎族，向北打退众狄族，修筑长城用来挡住羌狄，羌人再没有南渡。

二、周秦与西戎的融合

嬴秦一族自胥轩娶骊山女，直至穆公霸西戎，800 多年来与西戎有着千丝万缕的关系。他们时而通婚和睦，生活相通，文化互融，时而交恶缠斗，誓不两立，兵戎相见。嬴秦的发展史从某种意义上说就是与戎融合和斗争的历史。

史籍记载嬴秦与西戎通婚和睦的例子不少。

《史记·秦本纪》载："申侯乃言孝王曰：'昔我先郦山之女，为戎胥轩妻，生中潏，以亲故归周，保西垂，西垂以其故和睦。今我复与大骆妻，生适子成。申骆重婚，西戎皆服，所以为王。王其图之。'"从申侯的话中可知，秦人与申戎宗室之间至少有两次婚姻：一次是中潏之父胥轩，一次是大骆，都为秦人娶了申戎之女。当然秦人也将宗室之女嫁到戎族中去，秦"襄公元年，以女弟缪嬴为丰王妻"。这里的丰王"为戎王之号"。秦人通过与诸戎部族的互相通婚，改善了关系，促进了两种文化的互相融合。

梁云先生研究表明：早期秦文化的分布北至灵台、长武，西至甘谷、礼县，南至汉中，东至岐山。

商代西周时期，甘肃东部的西戎文化主要是寺洼文化。该文化的分布西达洮河流域，北至甘、宁交界处，东达子午岭西侧，南至陇南地区的白龙江流域，基本上位于早期秦文化的外围，当然在局部地区二者有交错。一般认为洮河中上游的寺洼文化年代较早，临洮寺洼山墓葬共出有辛店文化姬家川类型的彩陶罐，年代在商代中期前后。而近年在陈旗磨沟发掘的寺洼文化墓葬，年代甚至可早到商代前期。到商代晚期，该文化自西向东逐步扩散，进入西汉水流域及渭河上游，并翻越陇山进入泾河上游。庄浪徐家碾的寺洼墓葬年代上限被认为在古公亶父迁岐前后，即殷墟三期。西河栏桥的陶器与徐家碾类似，属于同一类型，年代亦应相当。合水九站的寺洼墓被分为三期：即殷墟四期、商末周初、西周中晚期。平凉安国镇的寺洼遗存也被认为属于该文化的晚期遗存。可见陇山西侧的寺洼遗存较东侧的略早。

目前寺洼文化遗址分布比较密集的地区，一是临洮县城以南的洮河中上游，发掘的有寺洼山、陈旗磨沟、大族坪等遗址。二是西汉水上游及白龙江流域，发掘的有西河县栏桥遗址。三是葫芦河上游、庄浪县水洛河一带，发掘的有柳家村、徐家碾遗址。平凉、庆阳地区遗址点的分布尚不清楚，但发掘了合水九站遗址。

在周、秦文化先后抵达陇右之前，寺洼文化为当地土著文化。周人势力大规模进入陇山西侧可能在西周初年；秦人进入陇右的时间又较周人晚了近百年。大约在西周穆王时秦人西迁至甘肃礼县的犬丘，即《秦本纪》中的“大骆犬丘地”。非子为周孝王养马受到赏识，孝王打算立他为大骆之嫡，遭申侯反对，遂改封他于“秦”，“号曰秦嬴”。由此陇右的秦人分成“犬丘”（礼县）和“秦”（清水）两支，前者为嫡系，后者为旁支。

这两支秦人所面对的当地土著势力——寺洼文化的情况截然不同。礼县所在的西汉水上游属寺洼文化固有地盘，其势力根深蒂固。2004 年在那里调查发现了 26 处寺洼文化遗址点，其中不乏面积在 30 万平方米以上的大型遗址，主要位于漾水与西汉水交汇处以西、以南，在东北的红河流域也有分布。同时期周秦文化的遗址有 33 处，其中“六八图-费家庄”“大堡子山-赵坪”“西山-石沟坪”三个遗址群，可说是秦文化的三个活动中心。

在礼县，两类文化的遗址既犬牙交错，又相互对峙。就西汉水川道而言，“大堡子山-赵坪”以东皆为秦文化遗址，“雷神庙-石沟坪”以南基本上是寺洼文化遗址，二者之间，两类文化的遗址交错分布，属于拉锯争夺的地段。

在秦文化中心聚落的附近，往往就有寺洼文化遗址。如在大堡子山遗址对岸、蒙张遗址之西的山脚遗址，发现有寺洼文化的灰坑和墓葬。有些秦文化遗址本身还包含寺洼文化的遗存，比如礼县县城西侧的西山坪遗址，即有城墙、夯土台基、高等级贵族墓，性质可能是西周时期秦人的军事要塞。在城外西北部及南部采集到大量的寺洼文化遗物，有马鞍形口罐、簋形豆、侈口罐等。两类文化在空间上的紧张关系可见一斑。

秦与西戎的遗址在礼县“扎堆”分布，固然由于“外来户”与本地人先天不容，更重要的原因是对当地食盐资源的争夺。礼县盐官镇生产食盐的历史根据西安相家巷秦封泥的“西盐”，至少可以追溯到秦代，到商周时也大有可能。食盐乃人类不可或缺的资源，古今同理。关中不产盐，这里便成为陇山以西重要的食盐供应地。各种史前文化会聚于斯，商周时期各种势力进入此处。后来秦文化的兴起，与食盐资源也有莫大的关系。

文献记载礼县一带西戎势力很强大，与秦文化反复角力，压而不倒，打而不散。秦与西戎在那里的较量也异常惨烈。周厉王十一年（公元前 847），西戎灭大骆犬丘之族。周宣王三年（公元前 825），秦仲奋起伐戎，最后死于戎难。秦仲伐戎是为了光复宗邑故都，所伐之戎应在西汉水流域。这个过程持续了很长时间，庄公居西犬丘时局势也没有完全稳定下来，襄公之兄世父还曾被戎人掳去。直到襄公被封为诸侯，秦人才实现了对陇右的完全控制。

礼县圆顶山秦墓具有明显的犬戎文化特征，犬戎在与秦人争夺西犬丘的过程中，将其具有的游牧文化传播给当时居住在这里的秦人，因此在圆顶山秦人墓地中出现了具有西戎文化特色的随葬品。而清水刘坪遗址则为居住在这里的绵诸戎或豲戎的一支所建立的墓地。从马家塬遗址的随葬品来看，马家塬戎王墓地并非绵诸戎王之墓，而是居住在这里的义渠戎王的墓地。秦人在陇右与西戎各族有着密切的交往与互动，这种互动除了长达几百年的战争之外，也间有互通婚姻与和睦相处。正是在这种战争与和平的不断交叠过程中，秦人吸收了西戎游牧文化因素，其祖先墓地中的葬品出现了具有明显草原特色的随葬品。戎人也受到了秦文化的影响，因此清水刘坪、张家川马家塬西戎墓地中的葬品才会具有秦文化特色。正是这种多元文化的互动与融合，才造就了以后秦人东扩与统一中国的强大文化基础。

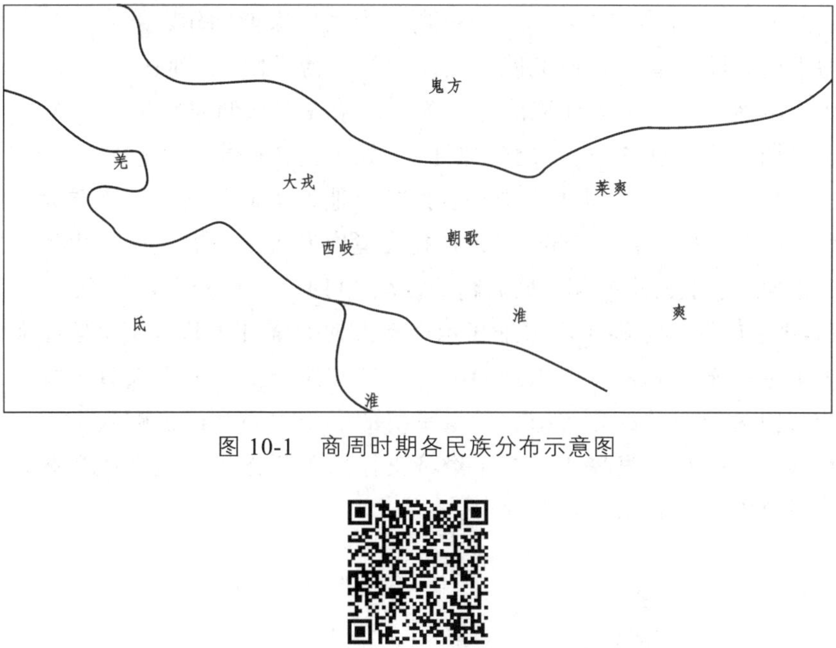

图 10-1　商周时期各民族分布示意图

图 10-2　扫码查看周代西汉水上游民族分布图

第十一章　礼县古代盐业与秦人兴起

礼县盐官镇，位于西汉水上游河谷盆地的中心，是礼县的第一大镇。这里地势平坦，川原开阔，水草丰茂。古称“卤城”，自古以来盛产“井盐”。卤水及土壤中富含盐分，“饮马于此，立见肥壮”。由于盐官周围得天独厚的“地利”条件，畜牧发达，骡马资源丰富，“骡马市场”享誉西北。

一、秦人的经济财政中心

2004 年，甘肃省文物考古研究所、中国国家博物馆、北京大学考古文博学院、陕西省考古研究院、西北大学文博学院五家联合考古队对西汉水上游地区进行了大面积的考古调查，调查发现仰韶文化遗址 61 处，龙山时期文化遗址 51 处，周代遗址 47 处（包含周秦文化遗址 38 处），寺洼文化遗址 22 处。其中发现盐官黑土崖遗址为仰韶文化一期与大地湾同期，距今 7350 年至 7800 年，是礼县境内发现最早有人聚居生活的地方，是西汉水上游最平坦、最宽阔的区域。可是，“大堡子山-圆顶山”“六八图-费家庄”秦早期中心遗址显示，秦人偏偏绕开了盐官，聚居在大堡子山附近的永兴和六八图附近的红河。其实这恰恰说明秦人看重盐官，把盐官视为他们的战略支撑，是最重要的供给中心和经济财政中心。盐官在秦人的生存、发展中发挥了经济支撑的重要作用。盐官成为秦人的经济财政中心，有以下几个因素。

1. 生产力因素

秦早期西汉水上游的人口构成大体为很早居住在这里的原住民、秦人、西戎三部分。根据西汉水上游秦早期遗址的分布数量及三大中心墓群的规制及文物形制、工艺来看，这里已经形成了工、牧、商、农、军结构较为完整的生产力分工体系。人口众多，交易活跃，经济相对繁荣。这是西垂地区社会的基本面貌。找遍西汉水上游诸地，能够形成这种“面貌”的就只有盐官。

2. 民生消费因素

大骆以后，这里的秦人不是一个零散的族群，而是初步具有国家性质的组织化社会特征的人口体系，需要庞大的经济、财政支撑。西汉水上游具备这种支撑能力的也只有盐官。

3. 军需保障因素

大骆时，秦人为了抵御西戎侵扰、维护自身权益，已经有了自己的军事体系。包括指挥、兵员、训练、军需等。马匹是重要的军需之一。马在漫长的冷兵器时代，扮演了重要的角色。骑兵作战需要马、战车驱动需要马、辎重运输需要马，“千军万马”“厉兵秣马”“人马未动粮草先行”，处处是马。庄公破西戎时“出车彭彭，旗旐央央”，用马超过万匹。为解决庞大的马匹之需，秦人必须建立自己的“军马场”。显然盐官充当“军马场”是最为理想的。

4. 战略与交通因素

盐官处在西垂与关陇联接的咽喉要道，是陕甘川三地交汇之处，是防御西戎入关的“扼喉”要塞，是西垂地区最大的交易商埠，战略地位十分重要。盐官必为秦人驻防重地。

二、盐业保障了秦人的生存与发展

前文述及西汉水上游“人口众多”。作为“百位味之祖”“生命食粮”的盐是维持秦人生命生存不可或缺的资源。西垂地区唯一的产盐地就是盐官，这一地区的人口的食用之盐也一定来自盐官。秦人作为这一地区的统治者，对这一地区的盐业资源也进行了开发与经营。

1. 秦早期盐官的“井盐”已被发现，并被秦人开发、经营

秦早期盐官地区有没有盐？史籍中找不出证据，实物遗存也难寻觅。《水经注·漾水》:“右则盐官水南入焉，水北有盐官，在嶓冢西五十许里，相承营煮不辍，味与海盐同。”此说的是北魏时期。“汲井岁搰搰，出车日连连”是唐代诗人杜甫过境盐官描写井盐产销的景况。“西盐”封泥，学界认为“下限在秦二世，秦朝灭亡之前”“上限在战国晚期，大约不会早到吕不韦执政时期”。“西盐”封泥说明秦在此设管理盐税的官署，这里盐业肯定规模较大，盐税已为朝廷纳入国家财政进行专控。几千年前的人们就在这里居住繁衍生息，他们食盐从何而来？

其实，寻找盐不需要高科技，有鸟兽的地方，盐资源是藏不住的。动物有一种寻找并舔食盐土补充盐分的本能，从非洲高原到美洲平原，动物群哪怕翻山越岭，总会找到盐土进行舔食，有时候场景甚为壮观。卤水富含盐分，牧群争相饮食，这种情景人类很容易察觉，尤其牧民更了解这种情况。盐官之盐可能很早就被这里的原住民发现了。嬴秦族人有传承祖业的精神，“作井取水”“好马及畜，善养息之”，他们有能力利用当地盐资源发展畜牧，经营交易，开源财政。

2. 《周礼》“盐人”与盐祭祀

在古代中国，祭祀祖宗和神灵是每一个王朝的头等大事，正如《左传》所说：“国之大事，在祀与戎。”也就是说，祭祀和战争是一个王朝的重中之重的大事。可能是周王室从前人的生活和自己的生存现实中切实体察到了盐的重要性，所以，在众多的祭品中，赫然出现了盐的影子。至于在周代之前，盐是不是一种祭品，由于缺乏有效的第一手材料，我们无可考证，但把盐作为重要的祭品，被清晰地写进了周朝治国的法典之中。在《周礼·天官》的官吏职责体系中，专门设有“盐人”一职。盐人的主要职责就是：掌盐之政令，以供百事之盐。祭祀用苦盐、散盐。设立盐人的目的，主要是负责王室的用盐之事，以供整个王室在各种事务中的用盐所需。而盐人的首要职责就是为王朝的祭祀之事提供用盐。周朝之所以会把盐作为祭品敬献给神灵，是因为在古老的民生生活中，盐非常重要。秦人作为周人的一支，基本继承了周文化传统和沿袭了周

的礼制。秦人盛行祭祀，有理由相信秦人的祭祀中也有“盐人”，盐也是其重要的祭品。

3.《周礼》“戎盐”启发下的盐资源开发

《周礼·天官·盐人》：“王之膳羞共饴盐。” 郑玄注：“饴盐，盐之恬者，今戎盐有焉。”《隋书·食货志》：“掌盐掌四盐之政令。一曰散盐，煮海以成之；二曰盬盐，引池以化之；三曰形盐，物地以出之；四曰饴盐，于戎以取之。”

所谓饴盐，就是一种带甜味的岩盐。郑玄给出的注解是：“饴盐，盐之恬者，今戎盐有焉。”“饴盐”因产自戎地亦称“戎盐”。现考证，今酒泉地区出产岩盐。

从《周礼》“王之膳羞共饴盐”到《七励》“大夏之香盐”，可以察知，盐在西周是一种非常稀缺并特别珍贵的资源，周人肯定十分重视辖区内盐资源的勘探和开发，当然也积累了与之相关的技术和经验。西汉水上游盐资源的开发利用可能就兴盛于这一时期。

4. 盐是秦人重要的财富来源

在古代，盐既是人赖以生存的“生命食粮”，又是财富的“白色黄金”。英语里的“薪水”一词是由盐演变而来的。周代，税收设为“九赋”，其中的“山泽之赋”规定了对煮盐征收赋税。起于齐桓公，盛于汉武帝的“盐铁官营”，扩充了国家的“钱袋子”，壮大了国家财力。三国之时，魏、蜀、吴各自占据了一个产盐区，魏国食池盐，吴国食海盐，蜀国食井盐，有了产盐区作为支撑，互相抗衡。唐朝，盐税收入达到中央收入的五分之二至二分之一。北宋因内忧外患，严重依赖盐税收入。南宋盐税占财政收入的一半。元朝财政支出的十之七八依靠盐税。明代，盐税是仅次于田税的第二财政收入来源。清代初期盐税收入初约 200 万两，中叶为 550 万两，到了清末为 1 300 余万两，因为清末不仅开征盐税，还加征“盐厘”。所谓“盐厘”就是指对贩卖食盐抽取的税银，也就是对盐开征的一种“货物税”。通过这些措施，增加了财政收入，壮大了国家财力。

《资治通鉴》说：“天下之赋，盐利居半，宫闱、服饰、军饷、百官俸禄皆仰给焉。”古代盐资源就是国家财富。

盐官一带秦昭襄王时设立“西县”，“西盐”即为西县之盐。“西盐”泥封说明秦人对盐税征赋的重视。分析西垂地区当时的资源状况，“盐”和“马”可能就是秦人的大宗财源，是支撑秦人发展壮大的“钱袋子”。

5. 盐是秦人健壮之源

盐是“百味之祖”，更是“生命食粮”。盐的主要成分是氯化钠，其中的钠离子参与调节人体内水分的均衡分布，增强神经肌肉兴奋性，使机体内酸碱平衡、血压正常，保证体液的正常循环，参与胃酸的形成，促使消化液的分泌，能增进食欲。人体不能没有盐，一般成人每天摄入 3 克食盐就可以维持生理基本需求。

食盐过少会产生食欲不振、四肢乏力、晕眩、心率加快、肌肉痉挛、视力模糊、反射减弱等症状。顾祖禹《读史方舆纪要》说盐“能消瘿瘤”，明朝科学家宋应星的《天工开物·作咸》说：“口之于味也，辛酸甘苦经年绝一无恙。独食盐禁戒旬日，则缚鸡胜匹，倦怠恹然。”

所以，拥有盐产地的秦人，其身体强健，故能与四方敌人相抗衡，自然也说得通了。

6. “卤水”养马是上苍对秦人的惠赐

盐官地表有卤水，地下有盐井，土壤富含盐分，生长在这里的植物肯定含盐量不低。作为秦人的“军马场”，这里养育出来马匹自然膘肥体壮。《西和县志》有载：“盐官城内卤池，广阔十余丈，池水浩瀚，色碧味咸，四时不涸，饮马于此，立见肥壮。”加之秦人“好马及畜，善养息之”，所以秦人培育出了载入史册的优质战马——“西垂马”。《宋史·兵志》载：“市马分为二：其一曰战马，生于西垂……其二曰羁縻马，产西南诸蛮，短小不及格……”“西垂马”及秦人的养马技术使非子受封秦邑，奠定嬴秦发展的基础。

第十二章 秦人的精神

秦人在长期生产、生活中，形成了一些鲜明的族群特征，这些特征成为支撑秦人从弱到强，从小到大，从偏隅附庸到一统天下的精神支柱。秦人的精神值得挖掘和学习。

一、不畏艰险，顽强生存的韧性精神

嬴姓属于上古八大姓姬、姜、姚、嬴、姒、妘、妫、姞之一。相传白帝少昊姓嬴，是嬴姓最早的祖先。颛顼后裔伯益“与禹平水土”功绩斐然，故受舜帝嘉奖并赐嬴姓。嬴族也随之发展壮大起来。

帝舜禅位于禹后，伯益被任命为执政官，总理朝政。《史记》记载禹死禅让于益，但四方诸侯比较属意禹之子启，于是益禅让于启后隐居到箕山南麓。《竹书纪年》记载，益因与启发生争执，帝启六年，被启杀死。嬴姓一族受到牵连，遭遇重大挫折，许多嬴姓仕族也淡出政治舞台，沦为庶民，日出而作，日落而息，疲于奔命，忙于生计。但嬴人没有忘记祖先擅长的调驯鸟兽、驾车养畜的技术。殷商时期就有一部分嬴人因“善驾”而闻名遐迩。太戊时期，中衍与哥哥孟戏为太戊驾车，得到太戊的赏识，并为他们娶妻，自太戊以下，中衍之后，遂世有功，以佐殷国，故嬴姓多显，遂为诸侯。嬴人因传承祖业，有技傍身，又一次登上历史舞台，为族群发展创造了良好条件。

其中一支，中衍的曾孙胥轩，深居西戎腹地，与戎人一起生活，并与骊山女结为伉俪，所生的儿子就是中潏。尚志儒先生认为：“中潏约当商末之时，与周文王为同时代人。西犬丘一名西垂，已为古文献的记载所证实，其地在今甘肃省天水县西南一带（礼县），它是嬴秦早期居地中最重要的都邑。所谓中潏‘保西垂’是嬴秦在那里活动的最早记录。而中潏一族本来是居住在汾河流域一带的，正好夹在商和周两国之间。《中华远古史》注解中介绍：‘远古民族迁徙无常，从旧地迁到一新地后，经常以旧地名称此新土。’因而，西犬丘或西垂，应是从山西西迁后带去的地名。”尚志儒先生在《早期嬴秦西迁史迹的考察》中明确说：“是居父辈的中潏离开了汾河流域迁徙到西犬丘的。他的西迁与商周间的微妙关系及其消长密切相关。”“（面对）殷商王朝的日渐衰落，姬周势力的日益强大，最终选择了归附周文王的道路，并向西迁徙，与戎杂居，镇守与西垂。”中潏“在西戎，保西垂”，为商、周戍边，掌管殷西防的军政大权，并在西戎地礼县留下根脉，为这一支嬴人延续血脉，为后来大骆一族的发展生息建立了根据地。

中潏的儿子蜚廉、孙子恶来，并没有随父“在西戎，保西垂”，而是“俱以材力事殷纣。周武王之伐纣，并杀恶来。是时蜚廉为纣石北方，还，无所报，为坛霍太山而报，得石棺，铭曰：‘帝令处父不与殷乱，赐尔石棺以华氏。’”

蜚廉死后，葬于霍太山。“蜚廉复有子曰季胜。季胜生孟增。孟增幸于周成王，是为宅皋狼。皋狼生衡父，衡父生造父。造父以善御幸于周穆王，得骥、温骊、骅骝、騄耳之驷，西巡狩，乐而忘归。徐偃王作乱，造父为穆王御，长驱归周，一日千里以救乱。穆王以赵城封造父，造父族由此为赵氏。自蜚廉生季胜已下五世至造父，别居赵。赵衰其后也。恶来革者，蜚廉子也，蚤死。有子曰女防。女防生旁皋，旁皋生太几，太几生大骆，大骆生非子。以造父之宠，皆蒙赵城，姓赵氏。”

根据《清华简·系年》：“周武王既克殷，乃设三监于殷。武王陟，商邑兴反，杀三监而立彔子耿。成王屎伐商邑，杀彔子耿，飞廉东逃于商盖氏，成王伐商盖，杀飞廉，西迁商盖之民于邾虐，以御奴虘之戎，是秦先人，世作周卫。”蜚廉一族因效忠殷商，卷入纷争，遭周人追杀，遭受重大挫折，生存面临危机，被迫西迁。但从甘肃境内秦人发展脉络考证，这支嬴人还是艰难地生存了下来。

史籍记载，当时的嬴人多与西戎杂居，西戎人剽悍勇猛、凶残暴烈，而嬴族深居西戎腹地时，恰逢西戎正在强大之时，可想而知嬴秦处境之危险，生存之艰难。

大骆娶妻于申侯女，生嫡子名成，继承犬丘封地，另有子名非子，善于养马，被周王封为附庸国，封地于秦谷。周厉王时期，西戎族反叛周王朝，灭了犬丘大骆全族。周宣王登上王位之后，任用秦非子后裔秦仲当大夫，讨伐西戎。西戎杀掉了秦仲。秦仲有五个儿子，大儿子为庄公。周宣王召见庄公兄弟五人，交给他们七千兵卒，命令他们讨伐西戎。打败西戎后，周宣王再次赏赐秦仲的子孙包括他们的祖先大骆的封地犬丘在内的西方土地，任命他们为西垂大夫。

大骆一族作为嬴秦的正脉，曾遭遇过灭族之灾，但他们以《史记》中世父之言："戎杀我大父仲，我非杀戎王则不敢入邑"及《秦风·无衣》描述的"王于兴师，修我戈矛，与子同仇"的同仇敌忾、视死如归的精神，前仆后继，终于彻底消灭了西戎，为秦人生存赢得了广阔天地，并最终吞并六国，建立了大一统的秦王朝。

嬴秦在繁衍生息、延续族脉的历史中，处境凶险，历程曲折，但他们表现出了极强的耐性和韧性，瓜瓞绵绵，生生不息，顽强地生存了下来。

二、勇武不惧的血性精神

秦人剽悍、尚武，能征好战。《秦风·无衣》之"岂曰无衣？与子同袍。王于兴师，修我戈矛，与子同仇"，叙说着秦人同仇敌忾，勇武不惧的大无畏气概。

《吴子·料敌第二》中吴起曾对七国国情和军队特点进行了对比，他说"秦性强，其地险，其政治严，其赏罚信，其人不让，皆有斗心，故散而自战"。

《史记·张仪列传第十》中张仪对秦人勇武精神描述说："秦带甲百余万，车千乘，骑万匹，虎贲之士跿跔科头贯颐奋戟者，至不可胜计。秦马之良，戎兵之众，探前趹后蹄间三寻腾者，不可胜数。山东之士被甲蒙胄以会战，秦人捐甲徒裼以趋敌，左携人头，右挟生虏。夫秦卒与山东之卒，犹孟贲之与怯夫；以重力相压，犹乌获之与婴儿。夫战孟贲、乌获之士以攻不服之弱国，无异垂千钧之重于鸟卵之上，必无幸矣。"

秦人为何勇武？

一是与他们长期生存的环境有关。上文已作叙述，秦人多与西戎杂居，而戎狄生性剽悍、粗犷、善骑射，"被发衣皮""不粒食""以战死为吉利，病终为不祥，堪耐寒苦"。秦人与之相处必须适应这种境况，从生理机能、心理特征上与之相匹敌，否则就是任人宰割的羔羊。所以，秦人除具有中原民族的基本特征外，还学习掌握了西戎族的许多特长，以致后来有些史籍中把秦人叫作“秦戎”。

二是与其祖业——调训鸟兽、养畜驾御有关。驯服野兽、牧养牲畜、驾御车马，都有一定的风险，需要勇气、胆略和力量。从前文的叙述中已知，嬴秦养畜、驾御者，不乏其人。而且，秦人的几次重要转机就与驾御、养马有关。古代战争，马是非常重要的军需，大量的马匹、高超的驾御技术，成就了秦人的勇武精神。

三是与西戎长期征伐缠斗的磨砺有关。秦人从深居西戎腹地的一个偏远部落发展到一统天下的帝国，就是他们长期与戎缠斗历练出来的结果。仅《史记》中记载的秦人与西戎的战争就有 10 余次，加之不在史册中的“小打小闹”，秦、戎之战可谓不计其数。所以说，秦人勇武好战的精神是从这些战争中练出来的。

三、大义不私的大局精神

在嬴秦早期（春秋前）发展过程中，很少见到内讧倾轧现象。他们总是从族群的整体利益出发，精诚团结，大义不私。父子之间、叔侄之间、弟兄之间从不争斗夺位，往往团结一致，顾全大局。譬如，庄公昆弟五人，共伐西戎，复得失地后，也未争主位。庄公长男世父，为报西戎杀祖父之仇，主动放弃太子地位，“让其弟襄公”。襄公的妹妹缪嬴，替兄分忧，为缓解与西戎的关系，赢得周旋时间，嫁给了丰王做妻子等。

四、精业兴邦的工匠精神

秦人在长期的生存与发展过程中，历经曲折艰险，最终吞并六国，建立了大一统的封建帝国，其能成就此功，原因众多，但有一样“法宝”值得称道，那就是精业兴邦的工匠精神。

嬴族始祖少昊善鸟。传说他在东海之滨建立的国家里有一套奇异的制度：以各种各样的鸟儿作为文武百官。具体的分工则是根据不同鸟类的特点来进行。他是嬴族鸟图腾崇拜的创始人，后来他把欣欣向荣的“百鸟之国”交给了侄子颛顼。颛顼是抚琴高手，他的精湛琴艺，让“百鸟”

折服，因而也赢得了国人的尊重和臣服。

嬴祖伯益因擅长“调驯鸟兽”被舜帝任命为虞官，后佐禹治水有功，又被禹帝任命为执政官，总理朝政。伯益来自东夷少昊鸟氏族，传说他能知禽兽之言，能与飞鸟通话，《汉书》云：“伯益知禽兽”。《后汉书》云：“伯益综声于鸟语”。伯益虽然身居要职，日理万机，但他所创立的祖业——养马、驯兽被族人传承光大。

伯益的来孙费昌是当时颇有声望的一位贤臣。擅长驾驭马车。《史记·秦本纪》记载：费昌“为汤御”，即指费昌充当了商灭夏的开路先锋。费昌统兵伐夏，夏兵多于战前倒戈，商兵势如破竹，夏桀只得亲自统兵迎战。费昌“败桀于鸣条”，为商朝的建立立下了显赫战功。

孟增，伯益的后代，商朝纣王的大臣蜚廉的孙子、季胜的儿子，他“幸于周成王”，被赐封于皋狼。

造父，蜚廉四世孙，中国历史上著名的相马、善御者。传说他在桃林一带得到八匹骏马，调驯好后献给周穆王。周穆王配备了上好的马车，让造父为他驾驶，他们经常外出打猎、游玩。有一次西行至昆仑山，他们见到西王母，乐而忘归，正在这时，他们听到徐国徐偃王造反的消息，周穆王非常着急，在此关键时刻，造父驾车日驰千里，使周穆王迅速返回了镐京，及时发兵打败了徐偃王，平定了叛乱。由于造父立了大功，周穆王便把赵城赐给他，自此以后，造父一族就被称为赵氏，为赵国始族。

非子，造父的堂玄孙，大骆庶子。擅长养马，得到周孝王的赏识，获封秦地，成为秦国始封君，号称秦嬴。《史记·秦本纪》载：“有非子居犬丘，好马及畜，善养息之。犬丘人言之周孝王，孝王召使主马于汧渭之间，马大蕃息。”

嬴秦一族崇尚一技之长，精业兴邦的事例，史籍中不胜枚举。这种精神使嬴秦一族在历史长河中生生不息。

第十三章　千古遗恨

一、甲骨文的发现及其意义

在清朝光绪年间，古董商、金石学家王懿荣，因患病抓来中药煎煮，从药渣里他无意发现一味叫龙骨的中药上面刻着字，就觉得很奇怪，就翻看药渣，没想到上面居然有一种看似文字的图案。王懿荣仔细地观察起龙骨来，他感觉这并非普通的刻痕，而是十分像古代文字，可是刻痕的形状既不是大篆也不是小篆。王懿荣猛然意识到这是非常珍贵的文物，于是他就将药店中所有带有刻痕的龙骨都买了回来。后来，他又通过不同的途径搜购回了不少的龙骨，总计达 1500 多片。经过深入、细致的研究，王懿荣觉得它们应该是几千年前的龟甲和兽骨，而非所谓的“龙骨”。通过对甲骨刻痕的辨认，他渐渐认出了“雨”“日”“山”“水”等字。由此，这些刻有古代文字的甲骨轰动了整个考古界，因为这些所谓的“龙骨”主要是龟类兽类的甲骨，所以人们将它们命名为“甲骨文”。考古文化界的研究引发文人学士和古董商人的争购热潮，这既促进了一大批优秀学者加入了甲骨文研究的队伍，也让一大批甲骨加速流失和遭受破坏。

近代甲骨金石学家、考古学的奠基人罗振玉在晚清谴责小说《老残游记》的作者刘鹗家里发现甲骨文后，就立志研究挖掘甲骨文字。他帮助刘鹗出版了甲骨精选拓片影印本《铁云藏龟》，后又想尽办法找到甲骨发现地河南安阳小屯村，他经过深入调查认定，安阳小屯村即殷墟遗址，也就是殷商朝国都，他还研究确认了几位商朝君王的名字，并于 1915 年出版了《殷虚书契考释》，引起学界的轰动。他与王国维一起，确证了甲骨文中合书的现象。罗振玉在他所著的《秦金石刻辞》等书中，收录以前诸家著录中未见之器铭 2427 件，在他所著的《三代吉金文存》中，收录当时见到的已著录和未著录的 4831 件青铜器铭，集一时铜器铭文原始资料之大成，在国内外产生了很大影响。他还提出通释古金文的设想，提出综合比较研究的方法，指出金文在文字学上的价值。罗振玉、王国维创新了考古、文字学研究的方法，特别是释读锲刻在青铜器、陶器等器皿上的铭文对商周时期的历史研究意义重大，以前学者获得商周早期的器铭后，因为没有系统的甲骨文研究支持而难有突破性进展，极大的影响了学界对商周早期文明的研究。但同时，一个遗址的发现，往往伴随着商业利益的介入，这让文物加速流失，从而造成了历史文化无法弥补的损失，导致许多文化研究工作停滞不前，成为文化之殇，民族之痛。

罗振玉、王国维等人对甲骨文的研究发掘以及对出土的先秦青铜、陶器等明器上的铭文的考释，把中国文字从甲骨文、钟鼎文（籀文）到小篆的发展历程完整地呈现了出来，复活了历史记忆，增强了民族自豪感，也激励了学者对早期文物上铭文的研究。

1919 年，甘肃礼县红河镇（当时称横河乡）出土的青铜器——秦公簋曾引起国内外考古界的广泛关注。这件现藏于中国历史博物馆的国宝，是先秦著名的青铜器，上有铭文 105 个。出土后，此秦公簋曾一度沦落，在兰州一家牛肉面馆被当做盛泔水的“废铜烂铁”，几经周折传至北京。著名学者王国维发现其后大感兴趣，经考证，认定秦公簋是秦肇始文明的最重要实物证据之一。他在 1922 年 8 月 24 日致马衡的一封信中评价秦公簋：“秦公敦拓本拜嘉，向闻此敦出于甘肃，颇疑此乃德公徙雍以后之器，何以出于陇右，颇不以估人之言为信。今观器中凿款首为西字，西为秦汉陇西县名，即秦本之西垂及西犬丘，为文公以前秦之故都。秦自非子至文公陵庙皆在西垂。此器本为宗彝，乃徙雍以后作，以奉西垂陵庙者，故曰奉敦。”王国维已经意识到，秦人祖邑西犬丘、西垂应在陇西郡西县。正是因为王国维、罗振玉等人对甲骨文、钟鼎文的研究，才使秦公簋这件国宝没有湮没在历史洪流之中，而成为研究秦人先祖发祥地——西垂、西犬丘的更要物证之一。但《史记·秦本纪》记载的“庄公居其故西犬丘”“祠上帝西畤”“文公元年，居西垂宫”以及《史记·秦始皇本纪》记载的“襄公立，享国十二年。初为西畤。葬西垂。生文公。文公立，居西垂宫。五十年死，葬西垂。生静公”中的西县、西垂宫具体在哪里，因当时军阀混战，时局动荡，对其的研究也一度搁置。

二、文物大盗掘

1974 年，秦始皇兵马俑在陕西出土。这座被誉为世界第八大奇迹的地下军团，以其举世罕见的阵容轰动了世界，也推进了史学界对秦史的深度研究。众多历史学者和考古专家通过对历史文献记载和考古发现，秦人有四大陵园区。截至 1987 年，秦人四大陵园中的雍城陵园、芷阳陵园和临潼秦始皇陵园，先后在陕西被发现，唯有秦人的第一陵园——西垂陵园一直难觅踪影。学术界开始了长达数年的寻访研究，但都没有突破性的进展，而且，相当一部分学者认为西垂陵园应在陕西境内，史书中的“西垂”泛指西部地区，并非指某一具体地方。而民国初年发现于礼县红河乡，受到王国维等学者高度关注的秦宗庙祭祀重器秦公簋也没有引起当时考古专家的重视，礼县长期被大部分研究者认为只是所谓的“羌狄”之地。正是这种漠视礼县地区已经出现的种种秦人活动遗踪的观念意识，拱手将西垂陵园的首先发现权，让给了疯狂的盗墓者，也从而给先秦历史文化研究带来了不可估量的损失。

时光回到 1987 年，改革开放不久的华夏大地，呈现出一派欣欣向荣的景象，多数老百姓通过自己的辛勤劳作基本上解决了温饱问题，人们都怀揣一颗梦想，憧憬着自己向往的幸福生活。但是，经济的迅速好转和生活质量的急剧变化让一部分人心理失衡，由于各种因素，人们之间的贫富差距开始拉开，加之社会环境的宽松，一部分人急于发财，内心欲望膨胀，便置法律和道义良知于不顾，铤而走险，冒着塌方、窒息、中毒、恐惧等危险开始掘坟盗墓，搜金刮银，做起来“土夫子”。在以礼县为中心的西汉水流域就出现了大规模的盗墓活动，当地流传一句“要想富，挖古墓，一夜变成万元户”的顺口溜，反映了当时盗墓活动的猖獗，盗墓者毫无敬畏之心，一心向“钱”的情况。由于盗墓者多数是农民出身，没有文化，对文物的历史文化价值一无所知，文物保护收藏更无从谈起。盗墓者的目标只是金属器物等遗存，而对其他文物毫无怜惜，在他们的意识中，墓里的东西要么能换钱，不能换钱的就毫无价值可言，而且在盗墓者潜意识中墓里东西很阴邪，不吉利，为了掩盖这种恐惧不安之感，便将不能换钱的东西全部砸碎。礼县籍记者祁波在《甘肃日报》一篇题为《古墓悲歌》的报道中写道，盗墓者在“西汉时期的长道古县遗址附近盗掘出 13 个‘蝌蚪纹彩陶罐’。在与文物贩子的交易中，因价格过低，无法分赃而遂将文物全部砸烂。永坪乡衙里村 6 位农民在本村的一座古墓里盗掘出 300 只陶羊，它们形神兼备、姿态各异，为研究秦汉时期畜牧业的发展提供了难能可贵的实物资料，具有很高的历史研究价值。然而，令人遗憾的是，盗墓贼见没挖出金银财宝，一气之下将 200 多只陶羊摔成了碎片。文物工作者从永坪乡崔城村农民丢下的蒜头壶残片铭文中辨认出，一座距今 3200 多年的诸侯墓葬壁画和大量陶器，几乎全部被毁，各种图案陶片和砖雕散乱一地，令人触目惊心”。比起贩卖文物的行为，盗墓者这种打砸行为更具有彻底的毁灭性、破坏性，也最为可恨，让人痛心！

位于甘肃礼县大堡子山上的秦人西垂陵园就是在这种疯狂的盗墓活动背景下惊艳面世。

大堡子山，是位于礼县县城东 13 千米西汉水北岸的一座小山峁，北依大薄地峁塬，南滨西汉水，西临西汉水支流永坪河，徐（徐家店）礼（礼县）公路自东南蜿蜒向山前经过，其西南延伸出的梁峁因筑有一清代堡子，其地因此而得名。1990 年左右，当地村民在大堡子山挖土时不经意挖到几块古生物化石，说是中医讲的龙骨，能治病，还能卖钱。一时间聚集了很多人在此挖龙骨。龙骨自然不可多得。但传言有人在此挖到了几百斤重的大鼎和一些金属物件。就这样，一场在大堡子山上轰轰烈烈盗墓“挖宝”的犯罪活动开始了。附近村落的农民黑白昼夜在山上挖掘，为了满足盗墓者在山上的吃喝问题，一些头脑灵活的农民就在山上设摊摆点，出售食物、茶水、香烟等。一时间，大堡子山上热闹异常，高峰期，数千人在山上作业。据当地知情人讲，大堡子山发现的大墓，墓道、墓室里全是金玉铺地，青铜器等陪葬品堆积如山。

在甘肃礼县发现珍贵文物的消息不胫而走，香港、广东的文物贩子、文物掮客闻风而来，驻扎在大堡子山脚下的文家、山角、蒙张等村子就近收购文物，多少珍贵的文物就这样来不及面世就流落海外。见到盗卖文物能快速“发家致富”，大堡子山附近的农民越发疯狂，凭借他们掌握的盗墓知识，到处寻找能葬墓的“龙脉”。不久，大堡子山对面的圆顶山秦国贵族墓葬区、礼县鸾亭山秦人祭祀遗址等被盗掘，珍贵文物被洗劫一空。在当时的西汉水流域，挖坟盗墓，猖獗一时，令人发指！甘肃省考古所研究员戴春阳在《礼县大堡子山秦国墓地发掘散记》中写道：“目睹了发生在礼县大堡子山上我省文物保护历史上最为惨痛的一页——空前（但愿是绝后）的大规模疯狂盗掘古墓的罪恶狂潮以及由此造成的惨痛恶果——整个山坡满目狼藉，遍布密如鱼鳞深浅不一、大小不等的盗洞，满山横陈沾满铜锈的马骨。”

三、追根溯源

1994年春，陕西省考古研究所所长韩伟接受法国朋友克里斯蒂安·戴迪安的邀请，赴法国作短期访问。戴迪安是欧洲有名的古董收藏家，在台湾学过甲骨文，1987年在伦敦开了一家古董店，专门收藏中国古代青铜器和金器。访问期间，戴迪安拿出1993年他从香港买来的一批金饰片和一对金虎让韩伟过目。看到这些形制奇特、数量众多、制作精美、前所未见的金饰片，韩伟大为震惊。回国后，韩伟继续与戴迪安联系，一起研究这批金器。韩伟对这组金饰片从器形、纹饰到质地逐个细细分析，并参考苏黎世研究员莫尔夫人从金虎内提取的木制标本碳14检测结果，认为这批金饰片为西周晚期秦人首领秦仲或秦庄公墓棺上的装饰物。同年，美国纽约拉利拍卖行拍卖了一对来自中国的、刻有“秦公作铸樽壶”六字铭文的青铜方壶。不久，中国先秦史学家李学勤在该拍卖行出版图录上看到了这对秦公壶。李学勤非常惊异，深厚的学识和多年积淀，使他立马感受到了它们的不同寻常。通过与传世的西周名器颂壶和出土不久的晋侯壶比对后，李学勤推断，这对秦公壶的主人应为秦国开国国君秦襄公或其父秦庄公，并推断它们最有可能来自秦国第一都城“西垂陵园”。

诸多制作精美、等级甚高的秦早期重器集中时间出现，学界人士颇感奇异。它们都来自哪里？要知道它们正是历史学家和考古学家苦苦找寻的研究秦早期历史的最关键资料。无疑，找到它们的出土地，就找到了找到秦早期都邑“西垂宫”和秦人第一陵园——西垂陵园，这是破解秦帝国童年历史的一把金钥匙！探问很快有了结果，各位专家得到的消息共同指向同一个地方——甘肃省礼县大堡子山。

四、西垂陵园惊天面世

然而，大堡子山上两座大墓已遭盗墓者严重破坏，很多珍贵文物被洗劫一空，文物部门在抢救性发掘过程中从两座大墓中仅发掘出了5件石磬、7件金饰片和一些较小的青铜器碎片，车马坑中也只发掘出少量铜车饰和铁制品。经过8个月发掘，考古人员探明，在东西长约250米、南北宽约140米的墓葬区内，共有“中”字形大墓两座，“瓦刀”形车马坑两座。墓地的东北、北部和西部，有规律地分布着间距为5至7米的东西向中小型墓葬，总数在200座以上。根据钻探资料，考古工作者依山势由下而上，发掘了两座南北并列的东西向中字形大墓、1座东西向“瓦刀”形车马坑和9座中小型墓葬。发掘过程中，考古专家发现，大堡子山的陵墓坐西向东，墓主头西脚东，与雍城陵园、芷阳陵园、始皇陵园完全一样，而长达一百多米的中字形墓葬也显示出秦人好建巨陵大墓的特点。这些墓葬中还被盗挖出了大量青铜器和金、玉器，有些青铜器上铸有“秦公作铸用鼎”“秦公作宝用簋”等铭文。从地理位置看，大堡子山“两河夹一山”的独特地势也与先秦皇家陵园的“风水”取向一致。

1998年，位于大堡子山秦公墓东南方约3千米处的圆顶山上，又发现了秦贵族夫妇的合葬墓，文物部门发掘出了蟠虺纹车型器、窃曲垂鳞纹鼎、蟠虺瓦棱纹盨、对凤纹方壶、蟠虺纹方壶等精美绝伦的秦文化重器，该墓的发现为大堡子山古墓就是秦公墓西垂陵园提供了有力佐证。

至此，所有证据说明：甘肃礼县一带就是秦人早期生活之地西犬丘，大堡子山墓葬群就是秦人西垂陵园，这也印证了《史记·秦本记》中的相关“西垂”“西犬丘”“西县”的记载。从1919年甘肃礼县红河镇（当时称横河乡）出土的青铜器——秦公簋（秦公敦）至1999年礼县秦西垂陵园被发现，整整80年时光，岁月变幻，王国维、罗振玉、郭沫若等学者苦苦寻觅的秦人祖邑、秦帝国龙兴之地终于被发现，从而让秦人怎样从被周王朝边缘化到发展壮大，到秦襄王立国，再到秦始皇统一全国，建立第一个中央集权的封建大一统王朝的秦文化历史清晰明朗起来，填补了先秦文化研究的空白，印证了《史记》是一部信史。西垂陵园的成功发现引起了史学界、考古界的巨大轰动，夏商周断代工程专家组专家李学勤先生称这一发现填补了先秦文化的研究空白。陕西文物考古所副所长曹玮说，“本世纪甘肃文物考古有两大发现，一是敦煌藏经洞，二是礼县大堡子山秦公墓”，其实这也是全国文物考古界的两大盛事。

礼县秦人西垂陵园、西犬丘的发现确认，得益于两个方面：一是王懿荣发现了甲骨文以及罗振玉、王国维、郭沫若等学者对甲骨文、钟鼓文、秦大篆（籀文）的深入研究并取得很大的成果，加之甲骨文、钟鼓文、秦大篆（籀文）所存的实物都是不易腐朽的金属、骨、玉石等材质，因此，罗振玉等人重视对青铜、玉石等明器的收藏和研究，无形中推动了学者对明器上铭文的高度重视，拓宽了考古视野和方法，积累了深厚的文化基础。比如，罗振玉著的《秦金石刻辞》《石鼓文考释》等，这让秦公簋、秦公鼎等文物出现后就能一下子引起考古研究学者的高度重视，通过明器的铭文、制式、级别等就推断出文物的年代和文化价值。二是1974 年秦始皇兵马俑的发现，规模宏大、气势磅礴，极大地震惊了考古界，一下子吸引了全世界的目光，相当一部分考古专家学者投身于先秦文化的研究。依据《史记》等史书的记载，考古机构先后找到了秦人四大陵园中的雍城陵园、芷阳陵园、始皇陵园三座陵园，只有最早的西垂陵园扑朔迷离，由于当时学术界把目光更多放在陕西地界，致使西垂陵园的考古进展不大，那么《史记》中的“西垂”“西犬丘”“西县”到底在哪里，成为困惑考古界的一大难题。但这种前期扎实考古工作和先秦文化的学术储备，让大堡子山被盗文物一面世就能一下子填充了先秦考古的历史空白，很好地契合了史书的记载，让礼县大堡子山立刻受到了各界的高度关注，大堡子山墓区也立即受到政府的严格保护，并于 2006 年进行的抢救性发掘中在主墓旁乐器坑发现一套完整秦编钟。同时，在圆顶山秦贵族墓地四座盗墓者没有发现的墓里面，出土了 300 多件青铜器，其中部分堪称国宝级文物。

五、现世文物的珍贵与惊艳

贫穷落后、交通闭塞的礼县在 20 世纪 90 年代知名度暴增，受到国内外文物考古界的高度关注，对于国内而言是因为西垂陵园的发现破解了许多历史谜题，具有重大的历史文化意义；而对于国外考古界和收藏家而言，他们主要是被出土文物的精美所震撼，所以才设法通过文物贩子花巨资以得到这些明器，礼县这个原来他们前所未闻的地方也深深印入他们的脑海。

西垂陵园文物的珍贵和精美主要有从两个方面可以感知。

1. 已发现的黄金饰片

2005 年中国国家文物局启动“中国流失海外文物调查项目”，完成了

《甘肃礼县大堡子山遗址被盗流失文物调查报告》。经过 10 年漫长的不懈努力，终于在 2015 年 5 月、法国收藏家戴迪安等人将 4 件鸷鸟形金饰片和 28 件不同形制的金饰片交还给中国国家文物局。2015 年 9 月 21 日，戴迪安又将他收藏的另外 24 件不同形制的金饰片直接移交甘肃省博物馆。这批从法国返回的具有青铜器纹饰的黄金饰片，做工精美，手法简练、构图明快，形制丰富，有金虎形、鸷鸟形、口唇纹鳞形、云纹圭形、兽面纹盾形、目云纹窃曲形等形状，其中金虎和鸷鸟最为独特和珍贵。金虎用金箔包裹木芯，以 10 段金箔片互相铆钉，套接而成，金虎细身长腰，作回首状，造型略显夸张，全身用朱砂描摹出“〈〈〈〈”形虎纹、生动传神；鸷鸟正面打磨光亮，至今耀眼，背面未经打磨，略显粗糙，这和四川成都金沙古蜀国遗址出土的太阳神鸟等金饰片一样，可能是棺椁、祭祀品、卒铠甲、胄饰物、车辆等上的饰物，是研究秦人早期战争、生活、祭祀、墓葬、图腾崇拜等方面的重要线索。早在 1994 年，中国金银器研究专家、著名考古学家、原陕西省考古研究所所长韩伟在法国朋友戴迪安处见到五十余片金饰片和两件回首金虎说：“形制奇特,数量众多,制作精美,前所未闻,实属罕见文物。尤其是这批文物关涉到秦人早期历史,在秦史研究上有着重要的学术价值。”(《文物》1995 年 06 期《论甘肃礼县出土的秦金箔饰片》)，韩伟的判断是准确的，这批精美的金饰片的确成为确定大堡子山墓群为秦西垂陵园的重要物证之一。

据当时参与盗掘文物的盗墓者交代，当时从墓中盗掘出的金饰片装了几麻袋，然后按斤卖给文物贩子，墓道用青铜鱼、玛瑙珠子铺地，墓室中金片贴棺，可见当时秦人的富足和冶金工艺的精湛。那么这么多黄金来自哪里？目前有三种说法：第一种观点认为秦人早就和西域诸国有经济往来，黄金来自新疆阿勒泰地区，秦人早就开辟了丝绸之路，比如韩伟认为“这些黄金很可能来自黄金产地的河西走廊或阿尔泰地区”，因为他以为“西周晚期秦族拥有甘肃东部之清水、秦安、天水、西和礼县等地，这里并不产金”(《文物》1995 年 06 期《论甘肃礼县出土的秦金箔饰片》)。但其实礼县蕴藏着丰富的黄金矿藏。第二种观点认为黄金来自四川地区，因为金沙遗址中出土的大量黄金箔片就说明早在 3000 年前古蜀国人就能够冶炼和加工黄金，四川地区有着丰富的金矿贮藏；第三种观点认为礼县燕子流域本来是黄金富矿区，比如洮坪镇、罗坝镇已探明蕴藏 52185 千克高品位的黄金矿脉，燕子河流域的罗坝镇崖湾村的平缓河床下蕴藏高品位的金矿砂。“李坝、金山两矿……投产后，黄金年产量将达到 18 万盎司（5.6 吨）”（2010 年 5 月《唐都文学》第三期张永权《从秦公墓金箔饰片管窥先秦文化艺术》）。究竟秦人黄金来源于哪里？目前尚无定论，但邵安定等人经过样品化验得出“金片饰为金银二元合金……除金、银外，不含其他杂质元素，表明冶炼所用的金矿石是含银而不含铜类型的矿床”（《文物》2015 年第 10 期《甘肃礼县大堡子山秦公墓出土金属器的科学分析与研究》）的论断，无疑对发现秦人黄金来源具有较大指导意义。

2. 已出土的青铜鼎、簋等明器

1994 年,历史学家李学勤在美国纽约发现一对青铜壶，铭文为“秦公作铸鐏壶”，经考证研究，认为该壶出自礼县大堡子山被盗墓葬，器主应为秦国国君。

1998 年，考古部门从与大堡子山隔河相望的圆顶山秦贵族墓区抢救性发掘了 3 座墓葬，1 座车马坑，共发掘出 7 件青铜鼎、2 件青铜簋、3 件青铜壶、1 件青铜盉、1 件青铜盘、1 件四轮方车（又称“四轮方盒”）等一批珍贵文物，这批青铜明器是秦贵族随葬品，纹饰、器型都非常精美，特别是甘肃礼县圆顶山北麓春秋时期秦国墓地女性贵族墓葬出土的四轮方车。器作长方形盒状，长 11.1 厘米，宽 7.5 厘米，高 209 厘米。器盖和器周饰以繁缛细密的浮雕蟠虺纹。盒体上部为两扇对开的翻盖。枢设宽端，两扇盖缘上分别以箕踞之熊和踞坐之人为盖纽。盒沿四隅为四只以鸟为轴的立鸟，旋转调整立鸟朝向即可锁启盒盖，四鸟首向心，闭锁盒盖，反之，则可启盖，盒体四棱附四只仰 首攀虎，两道带轮横轴承托盒体”（《陇右文博》总第 36 期戴春阳《礼县春秋秦墓出土四轮方盒非载柩“挽车”考》）。该明器做工精细，构思新颖，造型独特，为先秦铜器家族较为独特的一类，“该器独特的器物造型，华美的艺术装饰，在商周时期琳琅满目的传统青铜器家族中旁逸独出”（同上）。圆顶山秦人贵族墓地出土的这件四轮方车可以说是秦人先进青铜冶炼、铸造工艺的典型代表，也由此可推知大堡子山“秦公”墓、“秦子”墓陪葬青铜器的精美和珍贵，可惜这些绝世珍宝都被盗掘一空。

1995 年春，4 只青铜鼎和 2 件青铜簋在中国香港“露面”，上海市博物馆出重金买回了四件。四鼎腹内壁皆铸有铭文，其中，两件铜鼎的铭文为“秦公作铸用鼎”，另两件的铭文为“秦公作宝用鼎”。

2006 年，联合考察组从大堡子山乐器坑里抢救性出土编钟一套、编磬一套。编钟保存得非常完好，出土后仍然可以发出清脆悦耳的美妙音响。此次考古发现引起了重大关注，被评为当年中国十大考古发现之一。

2009 年，美国收藏家范季融、胡盈莹夫妇将所藏的 6 件秦国早期青铜器捐赠给中国，包括秦公鼎 3 件、秦公簋 2 件(均有铭文)、秦式鍑 1 件。中国科学院历史研究所著名史学家李学勤在美国纽约发现一对秦公壶。这对青铜秦公壶通高 42.3 厘米，形制大气，纹饰瑰丽，是秦人的盛酒礼器。

这些秦公鼎、秦公簋、四轮方车、蟠虺纹车型器、窃曲垂鳞纹鼎、蟠虺瓦棱纹盨、对凤纹方壶、蟠虺纹方壶等精美绝伦的秦文化重器，充分说明早期秦人失蜡法青铜铸造技术已经达到极高的水准。

六、西垂陵园文物流失情况

目前已面世文物的统计情况：

1. 鼎

来源于大堡子山的 15 只秦公鼎，10 只上面铸有“秦公作铸用鼎”铭文，5 只上面铸有“秦公作宝用鼎”铭文；出土于圆顶山的 6 只鼎，上面无铭文，其中 5 只为龙纹列鼎，一只为青铜鼎。

2. 簋

来源于大堡子山的 12 只秦公簋和一个簋盖，其中 7 只上面铸有“秦公作铸用簋”铭文，2 只秦公簋铸有“秦公作宝簋”铭文，3 只簋上无铭文，簋盖上铸有“峙，有夒孔嘉保其宫外。温恭□□秉德，受命屯鲁，义其士女。秦子之光，邵于夏四方。子子孙孙，秦子、姬用享”等铭文。

3. 壶

来源于大堡子山的 6 只秦公壶，其中 2 只圆壶和 2 只方壶上面铸有“秦公作铸尊壶”铭文，2 只方壶没有铭文。

4. 镈

来源于大堡子山的 5 件镈，其中一件龙纹镈，两件秦公镈（一件上面铸有“秦公作铸镈□钟”铭文），另两件秦式镈无铭文。

5. 钟

来源于大堡子山的 11 口钟，其中 4 口为秦公钟，上面铸有“秦公作铸酥钟”铭文；另 7 口为秦子钟，其中藏于日本 MIHO 博物馆的 4 口铸有“秦子作宝酥钟，厥音鉠鉠雍雍。秦子畯命在位，眉寿万人（年）无疆”铭文，另 3 只有铭文却不详。

6. 鍑

来源于大堡子山的 5 件鍑，全部无铭文。

7. 戈

来源于大堡子山的 4 枚戈，其中一枚上面铸有“秦子元用”铭文，两枚铸有“秦子作造，左辟元用，左右，魼用逸宜”铭文，一枚上面铸有“秦子作造公族元用，左右，魼逸宜”铭文。

8. 盉

来源于大堡子山的 1 件秦子盉，上面铸有“秦子作铸用盉，其迈寿子子孙孙永宝用”铭文。

9. 金器

来源于大堡子山的 63 件金器，全无铭文，其中 4 只金虎，8 件鸷枭形金饰片，34 件其他纹饰的金片，藏于甘肃省博物馆的 17 件金饰片。

10. 虎

来源于大堡子山的若干个秦式青铜虎，全无铭文。

11. 盘

来源于大堡子山的 1 个秦式盘，无铭文。

12. 匜

来源于大堡子山的 1 个秦式匜，无铭文。

13. 罍

来源于圆顶山的 1 个青铜罍，上面铸有“卅四年工师文工安正十七斤十四两四斗”铭文。

大堡子山的文物盗掘基本是在毁灭性状况下进行的，其中的大多数也已通过走私的渠道流失海外，目前还无法系统地掌握出土文物的全貌。据考古人员汇总在海外面世的部分文物和目击者的口述，基本可以推定大堡子山先秦文物的出土是足以震惊世界的重大考古事件。也因为大堡子山文物的大量流失，两座大墓的主人到底是秦仲、秦庄公、秦襄公，还是秦静公、秦文公的问题由于缺少直接关键的物证，成了一宗历史谜案。

大堡子山文物的盗掘，不只是文物的流失，也是一段历史记忆的流失，祖先血脉传承的失忆，更是无法弥补的千古遗恨！

参考文献

[1] 王国维. 观堂集林[M]. 北京: 中华书局, 1959.
[2] 吕思勉. 先秦史[M]. 上海: 上海古籍出版社, 2009.
[3] 韩伟. 论甘肃礼县出土的秦金箔饰片[J]. 文物，1995（6）.
[4] 戴春阳. 礼县大堡子山秦公墓地及有关问题[J]. 文物，2000（5）.
[5] 陈昭容. 谈甘肃礼县大堡子山秦公墓地及文物[M]//康世荣, 礼县秦西垂文化研究会, 礼县博物馆. 秦西垂文化论集. 北京: 文物出版社, 2005.
[6] 王辉. 也谈礼县大堡子山秦公墓地及其铜器[J]. 考古与文物，1998（5）.
[7] 陈平. 浅谈礼县秦公墓地遗存与有关问题[J]. 考古与文物，1998（5）.
[8] 戴春阳. 礼县大堡子山秦公墓地及有关问题[J]. 文物，2000（5）.
[9] 张天恩. 试说秦西山陵区的相关问题[J]. 考古与文物，2003（3）.
[10] 张天恩. 礼县等地所见早期秦文化遗存有关问题刍论[J]. 文博，2001（3）.
[11] 林剑鸣. 秦人早期历史探索[J]. 西北大学学报: 哲学社会科学版，1978（1）.
[12] 蒙文通. 秦为戎族考[J]. 禹贡，1937（7）.
[13] 黄文弼. 嬴秦为东方氏族考[J]. 史学杂志，1945 年创刊号.
[14] 王玉哲. 秦人的族源及迁徙路线[J]. 历史研究，1991（3）.
[15] 林剑鸣. 周公东征与嬴秦西迁[J]. 文史知识，1982（11）.
[16] 段连勤. 关于夷族的西迁和秦嬴的起源地、族属问题[J]. 人文杂志，1982 年增刊.
[17] 雍际春. 秦人早期都邑西垂考[J]. 天水行政学院学报，2000（4）.
[18] 康世荣. 秦都邑西垂故址探源[J]. 礼县史志资料，1985（6）.
[19] 徐卫民. 天水附近秦都城考论[J]. 天水师专学报. 1999（4）.

[20] 王学理. 东西两犬丘与秦人入陇[J]. 考古与文物，2006（4）.
[21] 韩伟. 试论战国秦的屈肢葬仪渊源及其意义[M]//中国考古学会第一次年会论文集. 北京: 文物出版社, 1979.
[22] 刘庆柱. 试论秦之渊源[J]. 人文杂志，1982 年增刊。
[23] 甘肃省文物工作队, 北京大学考古学系. 甘肃毛家坪遗址发掘报告[J]. 考古学报，1987（3）.
[24] 赵化成. 寻找秦文化渊源的新线索[J]. 文博, 1987（1）.
[25] 刘军社. 壹家堡类型文化与早期秦文化[M]//秦始皇兵马俑博物馆《论丛》编委会. 秦文化论丛: 第三辑, 西安: 西北大学出版社, 1994.
[26] 牛世山. 秦文化渊源与秦人起源的探索[J]. 考古，1996（3）.
[27] 甘肃省文物考古研究所, 等. 西汉水上游考古调查报告[M]. 北京: 文物出版社, 2008.
[28] 梁云, 曹大志. 2004 年甘肃礼县鸾亭山遗址发掘主要收获[J]. 中国历史文物, 2005（5）.
[29] 梁云. 对鸾亭山祭祀遗址的初步认识[J]. 中国历史文物, 2005（5）.
[30] 赵丛苍、王志友、侯红伟. 甘肃礼县西山遗址发掘取得重要收获[N]. 中国文物报. 2008-04-04。
[31] 郭军涛、刘文科. 西汉水上游地区秦早期都邑考[J]. 四川文物,2010（3）.
[32] 赵化成, 信立祥, 焦南峰, 等. 甘肃礼县三座周代城址调查报告[J]. 古代文明: 辑刊, 2008.
[33] 王刚, 杨哲峰, 方志军, 等. 2006 年甘肃礼县大堡子山 21 号建筑基址发掘简报[J]. 文物, 2008（11）.
[34] 王刚, 方志军, 韦正, 等. 2006 年甘肃礼县大堡子山祭祀遗迹发掘简报[J]. 文物, 2008（11）.
[35] 方志军, 刘晓红, 王刚, 等. 2006 年甘肃礼县大堡子山东周墓葬发掘简报[J]. 文物, 2008（11）.
[36] 李学勤. “秦子”新释[J]. 文博，2003（5）.
[37] 陈平. 秦子戈、矛考[J]. 考古与文物，1986（2）.
[38] 李学勤. 论秦子簋盖及其意义[J]. 故宫博物院院刊，2005（6）.
[39] 徐卫民. 秦都城研究[M]. 西安: 陕西人民教育出版社, 2000.

[40] 梁云. 非子封邑的考古学探索[J]. 中国历史文物. 2010（3）.
[41] 早期秦文化联合考古队（梁云执笔）. 甘肃甘谷毛家坪遗址 2013 年考古收获[M]//国家文物局. 2013 中国重要考古发现. 北京: 文物出版社, 2014.
[42] 赵化成. 秦人来源与早期秦文化的考古学探索[M]//蔡庆良, 张志光. 嬴秦溯源秦文化特展. 台北故宫博物院, 2016.
[43] 梁云. 考古学上所见秦与西戎的关系[J]. 西部考古，2016（2）.
[44] 马格侠. 秦戎关系再议——以陇右秦墓为例[J]. 西安财经学院学报. 2018（3）.
[45] 梁云. 早期秦文化的探索历程[J]. 天水师范学院学报. 2017（1）.
[46] 高士荣. 试论秦人早期丧葬习俗[J]. 兰州学刊. 2016（11）.
[47] 黄留珠. 秦文化琐议[M]//中国秦汉史研究会. 秦汉史论丛: 第 5 辑, 北京: 法律出版社, 1992.
[48] 葛剑雄. 移民与秦文化[M]//秦始皇兵马俑博物馆研究室. 秦文化论丛: 第三辑. 西安: 西北大学出版社, 1994.
[49] 雍际春. 秦文化与秦早期文化概念新探[J]. 西安财经学院学报. 2007（4）.
[50] 马建营. 秦西垂都邑故址考述[J]. 天水师范学院学报. 2009（6）.
[51] 丁楠. 秦公簋铭文考释[M]. 北京：中国时代出版社, 2007.